그는 개인과 기업과 우리 사회가 더 나은 미래, 바람직한 미래를 창조해갈 수 있도록 세계 최고의 미래 예측 능력과 미래전략을 지원하는 것을 소명으로 생각하고 있다. 미국, 한국, 중국 등을 오가며 미래 예측 기법, 미래 전략 경영, 미래 모니터링, 워-게임, 시스템 사고 등을 바탕으로 정부 기관과 국내외 대기업, 비영리 단체, 그리고 개인을 대상으로 미래와 관련된 예측, 자문과 교육 활동을 하고 있다.
60여 권이 넘는 책을 출간할 정도로 왕성한 연구 및 저술 활동도 하고 있다. 그의 대표적 미래예측서《2030 대담한 미래》《엔데믹 빅체인지 7》《메타 도구의 시대》《제4의 물결이 온다》《앞으로 5년 미중전쟁 시나리오》《앞으로 5년 한국의 미래 시나리오》《미래학자의 통찰의 기술》《Futures Report》 등은 한국에서 경영자와 각 분야의 리더를 비롯한 다양한 독자층에 큰 사랑을 받아 널리 읽히고 있다.《2030년 부의 미래지도》《2020 부의 전쟁 in Asia》 등은 중국과 일본에서도 출판되었으며, 특히《2030년 부의 미래지도》는 출간 직후 일본 아마존 종합베스트셀러 1위를 차지했다.
그는 아들 쌍둥이를 포함한 네 아들의 아빠다. 다섯 남자와 한 여자가 함께 만들어갈 가슴 뛰는 미래를 상상하는 즐거움은 그가 가진 또 다른 삶의 원동력이다.

'미래통찰 보고서' 구독 및 강연 문의:
cysinsight@gmail.com | 010-3444-0910

미래학자의

세계경제 시나리오 2024

미래학자의 세계경제 시나리오 2024

1판 1쇄 인쇄 2023. 11. 15.
1판 1쇄 발행 2023. 11. 22.

지은이 최윤식

발행인 고세규
편집 심성미, 박완희 디자인 조명이 마케팅 백선미 홍보 이한솔, 강원모
발행처 김영사
등록 1979년 5월 17일(제406-2003-036호)
주소 경기도 파주시 문발로 197(문발동) 우편번호 10881
전화 마케팅부 031)955-3100, 편집부 031)955-3200 | 팩스 031)955-3111

값은 뒤표지에 있습니다.
ISBN 978-89-349-6510-7 03320

홈페이지 www.gimmyoung.com 블로그 blog.naver.com/gybook
인스타그램 instagram.com/gimmyoung 이메일 bestbook@gimmyoung.com

좋은 독자가 좋은 책을 만듭니다.
김영사는 독자 여러분의 의견에 항상 귀 기울이고 있습니다.

미래학자의
세계경제 시나리오 2024

최윤식 지음

김영사

일러두기

본문에서 인용한 통계의 출처는 다음과 같으며, 2023년 10월 수치를 기준으로 사용했다.

- https://ko.tradingeconomics.com
- https://fred.stlouisfed.org

들어가며

우리는 변동성과 불확실성이 높아진 시대, 2024년의 경제 전망 앞에 서 있다. 복잡한 글로벌 이슈와 경제 구조 안에서, 미래의 경제 흐름을 분명히 예측하는 것은 어려운 과제로 다가온다. 바로 그런 어려움 속에서도 사람들이 올바른 판단을 내릴 수 있도록 돕기 위해 이 책을 썼다.

2024년의 미국, 한국, 중국을 비롯한 세계 경제를 올바르게 이해하고 예측하기 위해서는 단순한 데이터의 해석을 넘어, 그 배경에 숨겨진 중요한 변수와 그 변수들이 경제에 미치는 영향력을 분석하는 것이 중요하다. 위기의 시대에는 단편적인 정보나 사건에 휘둘리지 않고, 경제의 기본적인 이치와 원칙을 근간으로, 장기 및 중기적인 경제 패턴 분석에 중점을 두어야 한다. 이러한 분석을 통해 2024년의 경제 흐름과 방향을 통찰하는 데 필요한 신호와 소음을 구별하고자 심혈을 기울였다.

1부에서는 세계 최대 경제 대국인 미국의 경제 동향을 중점적으로 살펴보았다. 2024년 미국 경제의 방향에 영향을 미치는 장기 및 중기 경제 패턴, 그리고 해당 연도의 경제를 좌우할 핵심 신호와 보조 신호에 초점을 맞췄다. 특히 대통령 선거와 같은 단기 변수들이 불확실성 속에서 미국 경제에 어떤 역할을 할지 깊이 있게 고찰했다.

2부에서는 금융 투자 시장의 전망에 초점을 맞추었다. 2024년 연준의 기준금리 행보 예측부터 투자 시장에서의 왜곡과 착시, 그리고 주식과 채권 시장의 거시적 시나리오에 이르기까지, 불확실한 미래를 앞두고 안정적인 투자 방향을 찾아내는 것을 목표로 했다.

3부에서는 아시아의 중요한 경제 주체인 중국의 경제 상황과 부동산 시장 분석, 그리고 독자들의 관심이 많은 한국의 부동산 시장에 관한 예측을 다루었다. 중국의 부동산 시장이 한국과 전 세계 경제에 미치는 영향력은 무시할 수 없다.

2024년 기업의 사업 전략을 구상해야 하는 사람, 주식과 채권 시장의 투자 포지션을 판단해야 하는 사람, 부동산 시장의 투자 혹은 실수요를 판단해야 하는 사람까지 이 책의 독자는 다양할 것이다. 필자는 이 모든 분야에서 올바른 판단을 내리는 데 조금이라도 도움을 드리기 위해 노력했다. 특히 복잡하고 잡다한 설명보다는 핵심적인 내용만을 다루는 데 중점을 두었다. 모쪼록 이 책이 불확실한 2024년의 경제 상황을 조명하는 가치 있는 도구로 활용되기를 바란다.

이 책이 있기까지 도움을 준 분들이 많다. 먼저 김영사 고세규 대표님과 편집부에 감사드린다. 아시아미래인재연구소 연구원들, 사랑하는 부모님, 한결같이 필자의 옆자리를 지켜준 아내와 가족의 지원과 응원에 감사한다. 무엇보다, 필자를 사랑해주시는 수많은 독자께 가장 큰 감사를 전한다. 필자를 사랑하고 격려하고 날카롭게 조언하는 독자들이 필자가 미래 연구를 계속해가는 데 가장 큰 힘이라는 것을 고백한다.

2023년 11월

더 나은 미래를 위해

전문미래학자 최윤식 박사

차례

PART 2. 세계 금융 투자 전망

PART 3. 중국·한국 부동산 투자 전망

PART 1

미국 경제 흐름 전망

1

미국 경제를 주도하는 힘, 신용수축

2024년 미국 경제와 금융을 주도하는 가장 큰 힘 driving force은 '신용수축credit contraction'이다. 신용수축은 신용팽창credit expansion의 반대 힘이다. 신용팽창을 문자 그대로 해석하면 중앙은행의 본원통화가 상업은행을 통해 시중에 흘러 들어가서 금융 시스템 내에 신용의 양을 늘리는 현상이다. 경제 활동을 촉진하기 위해서 중앙은행의 통화확대 정책과 은행 규제 완화 등의 방법이 사용된다. 효과는 실물 경제 활성화, 자산 및 원자재 가격 상승, 적정 수준의 인플레이션 등이다.

이런 교과서적 개념과 달리, 현실에서는 신용이 과도하게 부풀어 부채 인플레이션이 발생한다. 지나친 신용팽창은 부작용을 초래한다. 신용창출의 효과성 감소, 좀비기업 증가, 자산 거품 형성, 위험 수준의 인플레이션 등이다.

2020~2021년 코로나19 팬데믹 기간, 미국에서는 지나친 신용팽창이 일어났다. 미국을 비롯한 전 세계 자산 시장에서는 상당한 거품이 발생했다. 2023년 미국 및 세계 경제에서는 위험 수준의 인플레이션이 발생했다. 〈그림 1〉은 중앙은행으로부터 실물 시장과 자산 시장에까지 신용팽창이 일어나는 단계와 구조를 그린 것이다.

2022~2023년 미국의 중앙은행인 연방준비제도Federal Reserve System(이하 '연준')는 신용팽창의 부작용을 다스리기 위해 강력한 긴축을 단행했다. 중앙은행의 대차대조표를 줄이고, 기준금리를 빠르고 높게 올렸다. 시중에서 통화공급이 줄어들기 시작했다. 이렇게 시중에서 통화량이 상업은행의 대출 축소를 거쳐 중앙은행으로 되돌아가면서 금융 시스템 내 신용의 양이 줄어드는 현상을 신용수축이라고 한다.

신용수축도 경제 활동에 여러 가지 영향을 미치며 위험도 따른다. 금융 시스템의 불안정화, 은행 부실화, 경제 침체나 불황의 초래다. 신용수축기를 적절하게 통제하지 못하면, 금융 위기나 외환 위기로까지 이어질 수 있다. 2023년, 미국 경제에서는 자산 시장 하락, 일부 은행들의 신용 위기가 발생하기 시작되었다. 하지만 경기 침체나 불황의 여부는 결정되지 않았다.

>>>

그림 1 **신용팽창이 일어나는 과정**

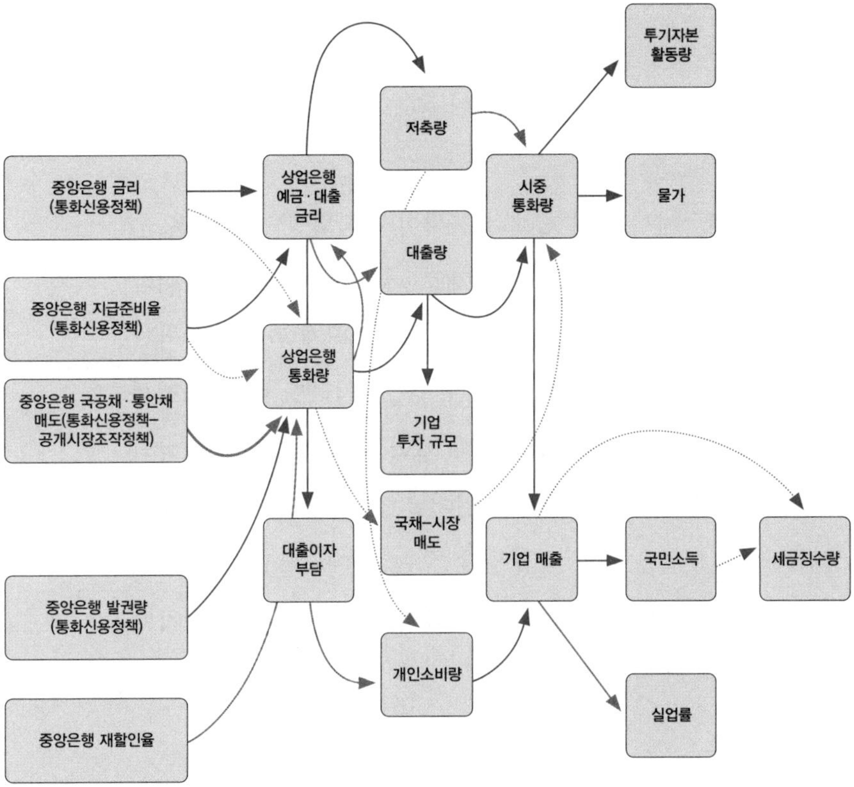

화살표는 영향을 주는 방향을 나타낸다. 보라색 화살표는 같은 방향(증가에서 증가로, 혹은 감소에서 감소로의 변화), 회색 화살표는 반대 방향(즉 증가에서 감소로, 혹은 감소에서 증가로의 변화)을 뜻한다. 화살표의 굵기는 영향을 주는 힘의 크기를 의미한다. 화살표가 연결되어 순환하는 부분에 더 집중하라.

2022~2023년이 신용수축이 진행되었던 해라면, **2024년은 신용수축의 부작용의 최종 범위가 결정되는 해다.** 즉, 미국 중소은행의 추가적 신용 위기 발생, 자산 시장의 하락 재발생, 경기 침체나 불황 여부는 2024년에 결정된다.

2024년에 미국에서 경기 침체나 불황이 시작되면 그 불길은 순식간에 한국, 중국, 유럽 등 전 세계로 퍼져나갈 것이다. 급격하게 소비가 줄면서 글로벌 원자재, 농산물, 소비재 가격이 하락할 것이다. 기업 매출도 줄고, 순이익도 줄고, 임금도 줄고, 공업생산량이 축소될 것이다. 기업파산과 실업률이 늘어나고, 미국의 중소형 은행에서는 추가 파산이 일어날 것이다. 이는 다시 대형 상업은행과 투자은행에 큰 부담을 주는 부메랑으로 돌아오고, 미국의 명목 GDP 상승률 하락을 초래할 수도 있다. 일부 국가에서는 금융공황이 발생할 수 있다.

>>>

2

미국 경제의 장기 패턴

□———— 2024년 미국 경제를 예측하기 위해 가장 먼저 살펴볼 것은 장기 패턴이다. 〈그림 2〉를 보자. 기준금리 인하(신용팽창), 기준금리 인상(신용수축)에 따른 GDP 성장률 패턴, 인플레이션(물가상승률) 패턴, 그리고 경제 호황기 및 경기 침체나 불황에 대한 장기 패턴이다. 회색으로 표시한 부분은 경기 침체 및 불황 기간, 화살표로 표시한 부분은 경제 호황기 기간이다.

〈그림 2〉를 가지고 중요한 장기 패턴을 정리한다.

❶ 1980년대 이전에는 경제 호황기나 경기 침체나 불황이 발생하지 않았던 시기에도 기준금리 인상이 있었다. 그 이유는 베트남 전쟁과 제1~2차 오일쇼크로 높은 인플레이션율을 기록했기 때문이다.

그림 2 **미국 경제의 장기 패턴(1948~2024년)**

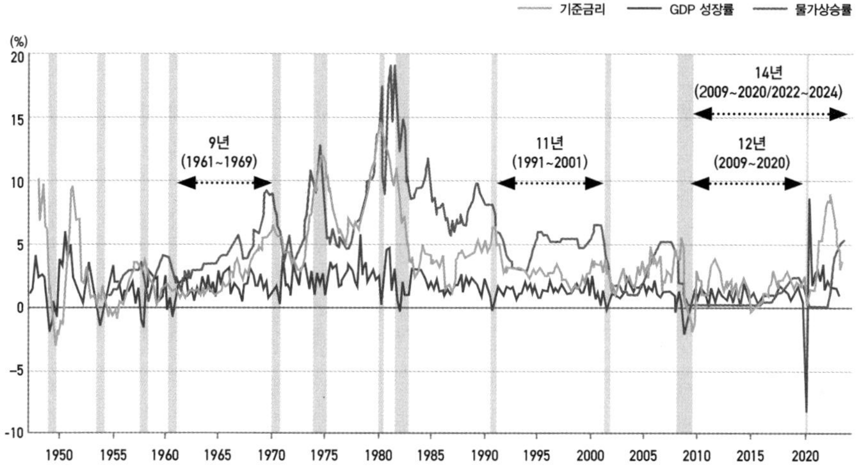

❷ 1980년대 이후에는 경제 호황기나 경기 침체나 불황이 발생하지 않은 시기에는 기준금리를 인하하거나 한동안 낮은 수준의 기준금리를 유지했다. 인위적 신용팽창 정책이 있었다는 의미다.

❸ 기준금리 인상을 통한 신용수축은 경제 호황기나 경기 침체나 불황이 발생하지 않을 시기의 1/3 또는 중반 무렵에 시작된다.

❹ 기준금리 인상이 있었던 시기 중 90%는 경기 침체나 불황으

로 이어졌다.

❺ 명목 GDP 성장률이 경기 침체나 불황을 의미하는 0%나 마이너스로 폭락하는 현상은 '기준금리 인하를 시작한 후'에 발생한다.

❻ 인플레이션율이 하락 추세로 전환되는 것은 경기 침체나 불황에 진입해야 발생한다. 기준금리 인상(신용수축)은 인플레이션 속도를 약화할 뿐이다.

❼ 경기 침체나 불황 직전에 나타나는 호황기는 평균 9~12년 지속된다.

〈그림 3〉을 보자. 미국의 기준금리 인하(신용팽창), 기준금리 인상(신용수축)에 따른 실업률 패턴이다. 필자가 점선으로 표시한 것은 경기 침체나 불황이 발생할 때의 실업률 장기 평균선이다. 여기에도 중요한 장기 패턴이 있다.

❶ 실업률은 경기 침체나 불황이 발생하기 직전까지 하락한다. 당연히 최저점을 찍는 시점도 경기 침체나 불황이 발생하기 직전이다.

>>>

그림 3 **기준금리에 따른 미국의 실업률 추이(1948~2024년)**

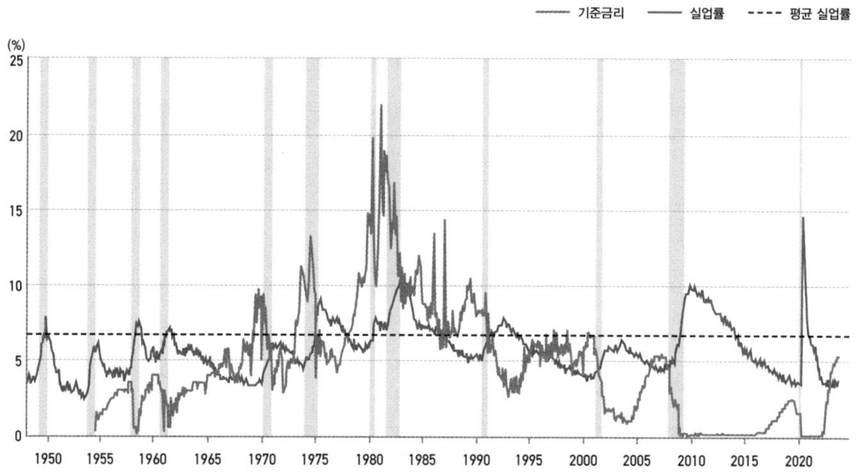

❷ 실업률이 완전고용 수준까지 하락한 경우는 경기 침체나 불황에 빠지기 직전이 많았다.

❸ 실업률이 상승으로 대세 전환이 이루어지는 것은 경기 침체나 불황이 발생한 후다.

❹ 실업률이 저점 부근에서 유지했던 기간은 12~18개월이 최대치다.

참고로, 연준은 물가와 고용 안정의 동시 달성 여부를 측정하기 위해 필립스 곡선을 기반으로 한 '물가안정실업률NAIRU'에 주목한다. NAIRU는 물가가 안정적으로 유지될 수 있는 수준의 이상적 실업률, 나쁜 인플레이션을 만들지 않을 만큼의 실업률이다. 연준은 실업률 4.1~4.2%를 이 수준으로 보고, '완전고용(자연 실업률)'이라 평가한다.

〈그림 2〉와 〈그림 3〉의 2가지 장기 패턴 그래프를 가지고 2024년 미국 경제에 대한 몇 가지 통찰을 끄집어내 보자.

❶ 기준금리 인상을 통한 신용수축은 경제 호황기나 경기 침체나 불황이 발생하지 않을 시기의 1/3이나 중반 무렵에 시작되었다. 두 그림을 보면, 2020년 코로나19 발생으로 기준금리 인하를 단행한 후 2022년부터 기준금리 인상(신용수축)이 시작되었고 2023년에 정점에 이르렀다. 이 움직임과 위치를 이전 패턴과 비교하면, 2023년 말에 우리는 경제 호황기나 경기 침체나 불황이 발생하지 않는 기간의 3/4 혹은 4/5 지점을 이미 통과했다.

❷ 두 그림에서는 코로나19가 발생한 직후에 '공식적'인 아주 짧은 경기 침체 구간이 기록되어 있다. 하지만 이것은 과거의 패턴과 비교했을 때에 정상적인 경기 침체나 불황기가 아니다. 이를

비정상적인 것으로 생각하고 무시하면, 최근의 경제 호황기나 경기 침체나 불황이 발생하지 않고 있는 기간은 이전 평균치 평균 9~12년을 넘었다. 2024년이면 14년째가 된다.

❸ 2023년 후반에 보이는 인플레이션 수치는 직전 최고치에서 많이 하락한 모습이다. 하지만 이전 최고치는 코로나19 봉쇄로 인해서 발생한 '비정상적 수치'다. 이것을 감안하면, 2023년 후반의 인플레이션 수치는 1990년 이후 인플레이션의 상단이라고 해석하는 것이 맞는다. 그래서 2023년 후반의 인플레이션 수치는 경기 침체나 불황이 발생하기 직전과 비슷하다.

❹ 2023년 후반 미국의 실업률은 역사적으로 가장 낮다. 더 이상 내려갈 데가 없다. 과거 패턴과 비교할 때, 최저치를 버티고 있는 기간도 가장 길었다. 즉, 2024년에는 실업률이 올라갈 일만 남아 있다.

❺ 2024년 미국 경제는 기준금리 인상이 있었던 시기 중 경기 침체나 불황으로 이어진 90% 확률의 범위에 '여전히' 남아 있다.

3

미국 경제의
중기 패턴

□———— 미국 경제를 예측하는 중기 패턴은 무엇일까? 〈그림 4〉를 보자. 1994년부터 현재까지 미국의 기준금리 인하(신용팽창), 기준금리 인상(신용수축)에 따른 GDP 성장률 패턴, 인플레이션(물가상승률) 패턴, 그리고 경제 호황기 및 경기 침체나 불황에 대한 장기 패턴이다.

필자가 중기 패턴에서 주목하는 장면은 3가지다. 필자는 이것을 **2024년 미국 경제를 예측하는 데 기준이 되는 3가지 모델**이라고 부른다. 1995년 모델, 2002년 모델, 2008년 모델이다. 모델의 이름은 기준금리 정점이나 우리에게 익숙한 대폭락이 발생한 연도를 따랐다.

3개의 모델 중에서 기준금리 인상(신용수축)에도 경기 침체나 불황에 빠지지 않은 것은 1995년 모델이다. 나머지 2개의 모델은

그림 4 **미국 경제의 중기 패턴(1993~2023년)**

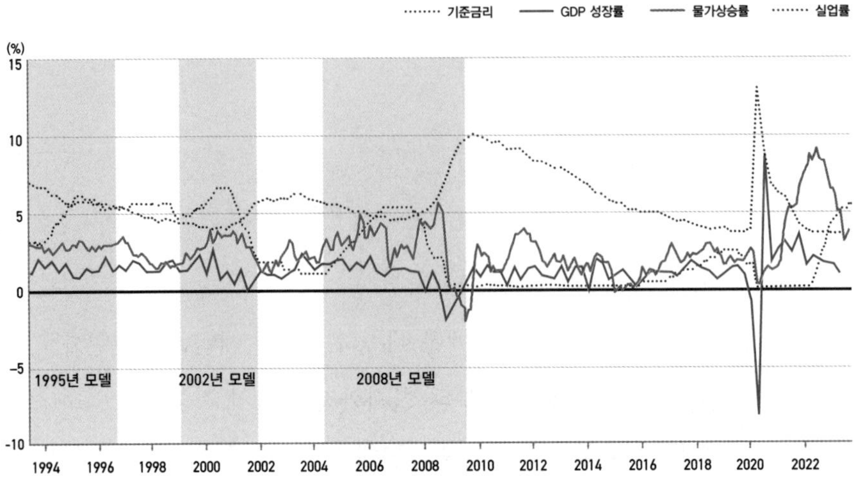

기준금리 인상(신용수축)이 경기 침체나 불황으로 연결되었다. 2023년 소비지표, 경제성장률, 인플레이션, 실업률 등 몇 가지 지표가 반짝 좋을 때마다 2024년에 경기 침체나 불황이 없는 무착륙, 즉 '노랜딩no landing' 가능성이 제기되었다. 이는 1995년 모델과 비슷한 상황이 연출될 것을 염두에 둔 시나리오다.

〈그림 4〉를 가지고 중요한 중기 패턴에서 추출한 3가지 모델의 특징을 정리한다.

>>>

❶ 1995년 모델

- 기준금리 인상 기간에 인플레이션율이 높아지지 않았다.
- 모델 전체 구간에서 인플레이션 수준은 기준금리 인상 이전의 평균치와 '비슷'하게 유지되었다.
- 기준금리 인상이 멈춘 시점에 GDP 성장률이 '약간' 하락했다.
- 기준금리 인하 기간에 GDP 성장률이 약한 반등을 기록했다.
- 모델 전체 기간에서 GDP 성장률이 단기 상승·하락 패턴을 반복했다.
- 모델 기간 전체에서 실업률은 자연 실업률(4%)보다 높았다. 즉, 추가 하락 여지가 더 있었다.
- 그래서 기준금리 인상이 멈춘 시점부터 인하 기간까지 실업률은 계속 하락했다.
- 경기 침체나 불황이 발생하지 않았다.

❷ 2002년 모델

- 기준금리 인상 기간에 인플레이션율이 계속 높아졌다.
- 기준금리 인상이 멈춘 시점에 인플레이션율 추가 상승이 멈췄다. 하지만 급격한 하락도 보이지 않았다.
- 기준금리 인상이 멈춘 시점에서 GDP 성장률이 '상당히' 하락했다.
- 모델 전체 기간에서 GDP 성장률은 단기 상승·하락 패턴을

반복했다.

- 기준금리 인하 기간에 GDP 성장률이 0%까지 하락했다.
- 모델 기간 전체에서 실업률은 자연 실업률(4%)에 도달했다. 즉, 추가 하락 여지가 '전혀' 없었다.
- 기준금리 인상이 멈춘 시점부터 인하 기간까지 실업률은 서서히 상승했다.
- 경기 침체가 발생하자, 실업률이 급격히 상승했다.

❸ 2008년 모델

- 기준금리 인상 기간에 인플레이션율이 계속 높아졌다.
- 기준금리 인상이 멈춘 시점에 인플레이션율이 상당히 하락했다. 대신, 경기 침체 발생 직전에 인플레이션율이 급격하게 재상승을 시작했다.
- 기준금리 인상이 멈춘 시점에 GDP 성장률이 '약간' 하락했다.
- 모델 전체 기간에서 GDP 성장률은 단기 상승·하락 패턴을 반복했다.
- 기준금리 인하 기간에 GDP 성장률이 0%까지 하락했다.
- 모델 초기에서 실업률은 5% 이상에서 출발하여 기준금리 인상이 멈춘 기간에 자연 실업률(4%)에 근접했다. 즉, 추가 하락 여지가 '거의' 없었다.
- 기준금리 인상이 멈춘 시점 중반부터 인하 기간까지 실업률은

>>>

그림 5 **기준금리에 따른 기업이익의 중기 패턴(1993~2023년)**

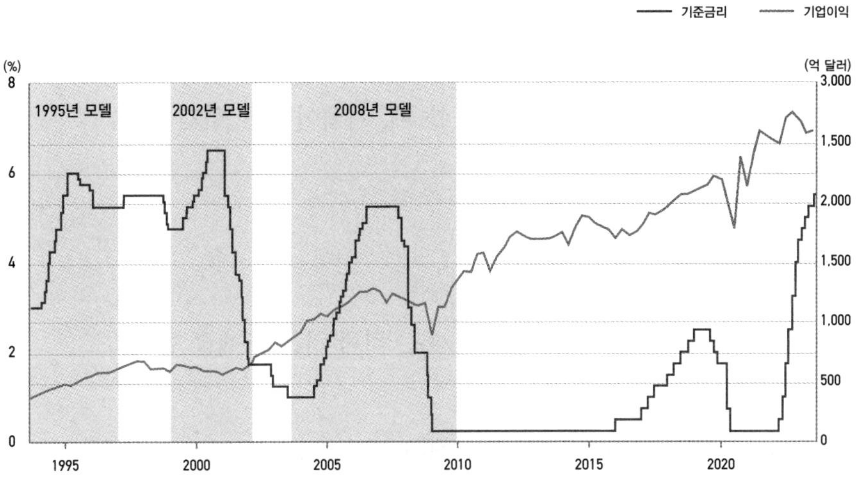

서서히 상승했다.

- 경기 침체가 발생하자 실업률이 급격히 상승했다.

〈그림 5〉는 미국의 기준금리 인하(신용팽창), 기준금리 인상(신용수축)에 따른 기업이익leverage 패턴이다. 〈그림 5〉에서도 패턴을 찾아볼 수 있다. 주요 중기 패턴에서 추출한 3가지 모델의 특징을 정리한다.

❶ 1995년 모델

- 모델 기간 전체에서 기업이익은 계속 '상승'하는 추세를 유지했다.
- 기준금리 인상이 정점 부근에 이를 때, 기업이익은 '약간' 하락 후 곧바로 반등했다.

❷ 2002년 모델

- 모델 기간 전체에서 기업이익은 계속 '하락'하는 추세를 유지했다.
- 기준금리 인상이 멈추고 나자, 기업이익이 '약한' 반등을 시작했다.

❸ 2008년 모델

- 기준금리가 인상되는 구간에서만 기업이익이 계속 '상승'하는 추세를 유지했다.
- 반면, 기준금리 인상이 멈춘 후부터 기준금리 인하를 할 때는 기업이익이 계속 '하락'하는 추세로 전환되었다.

〈그림 4〉와 〈그림 5〉의 중기 패턴 그래프를 가지고 2024년의 미국 경제에 대한 몇 가지 통찰을 끄집어내 보자.

>>>

❶ 경기 침체나 불황이 발생하지 않은 1995년 모델에는 다른 두 모델에는 없는 몇 가지 독특한 차이점이 있다. 즉, 2024년에 아래와 같은 특징들이 발견되면, 노랜딩이 가능해진다.

- 기준금리 인상 기간에 인플레이션율이 높아지지 않았다.
- 모델 전체 구간에서 인플레이션 수준은 기준금리 인상 이전의 평균치와 '비슷'하게 유지되었다.
- 기준금리 인하 기간에 GDP 성장률이 약한 반등을 기록했다.
- 모델 기간 전체에서 실업률은 자연 실업률(4%)보다 높았다. 즉, 추가 하락 여지가 더 있었다.
- 그래서 기준금리 인상이 멈춘 시점부터 인하 기간까지 실업률은 계속 하락했다.
- 모델 기간 전체에서 기업이익은 계속 '상승'하는 추세를 유지했다.

❷ 경기 침체나 불황이 발생한 2가지 모델에는 몇 가지 공통점이 있었다. 즉, 2024년에 아래와 같은 특징들이 발견되면, 경기 침체나 불황을 대비해야 한다.

- 기준금리 인상 기간에 인플레이션율이 계속 높아졌다.
- 기준금리 인하 기간에 GDP 성장률이 0%까지 하락했다.
- 모델 기간 전체 혹은 기준금리 인상이 멈춘 기간에서 실업률이 자연 실업률(4%)에 도달했다. 즉, 추가 하락 여지가 '거의'

혹은 '전혀' 없었다.

- 그래서 기준금리 인상이 멈춘 시점 중반부터 인하 기간까지 실업률은 서서히 상승했다.
- 모델 기간 전체 혹은 기준금리 인상이 멈춘 후부터 기업이익이 계속 '하락'하는 추세를 유지했다.

❸ 3가지 모델에 공통으로 나타나는 특징이 있었다. 즉, 이 공통점들은 경기 침체나 불황이 발생할 것인가 아닌가를 판단하는 특징이 아니라는 의미다.

- 모델 전체 기간에서 GDP 성장률은 단기 상승·하락 패턴을 반복했다.
- 경기 침체나 불황이 발생한 2가지 모델도 서로 다른 특징이 발견되었다. 즉, 이 차이점들도 경기 침체나 불황이 발생할 것인가 아닌가를 판단하는 특징이 아니라는 의미다.
- 2002년 모델은 기준금리 인상이 멈춘 시점에 GDP 성장률이 '상당히' 하락했다.
- 하지만 2008년 모델에서는 기준금리 인상이 멈춘 시점에 GDP 성장률이 '약간' 하락했다.

>>>

4

노랜딩, 연착륙, 경착륙을 좌우할 핵심 신호

□──────── 필자가 2024년 미국 경제를 예측하는 장기 패턴과 중기 패턴을 분석 및 비교하여 찾아낸 **가장 중요한 신호는 '기업이익 움직임'**이다.

1995년 모델처럼 인플레이션 압력이 코로나19 이전과 비슷한 수준까지 내려가고, 기업이익 침체가 거의 없으면, 경기 침체가 일어나지 않는다. 하지만 2024년에 기업이익 하락이 뚜렷하게 나타나면, 경기 침체나 불황이 발생할 가능성이 '매우' 높다.

그러면 경기 침체나 불황이 발생했던 2002년과 2008년 모델에서 기업이익 하락 움직임이 어떻게 나타났는지 자세하게 들여다보고 2023년의 기업이익 움직임과 비교해보자. 〈그림 6〉에서 보듯, 경기 침체나 불황기에는 기업이익 움직임에 독특한 패턴이 나타난다.

그림 6 **경기 침체 또는 불황 시 미국의 기업이익(1994~2009년)**

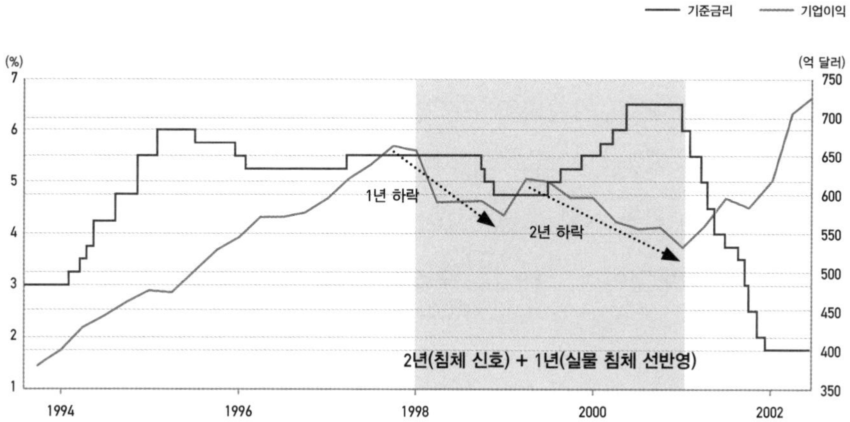

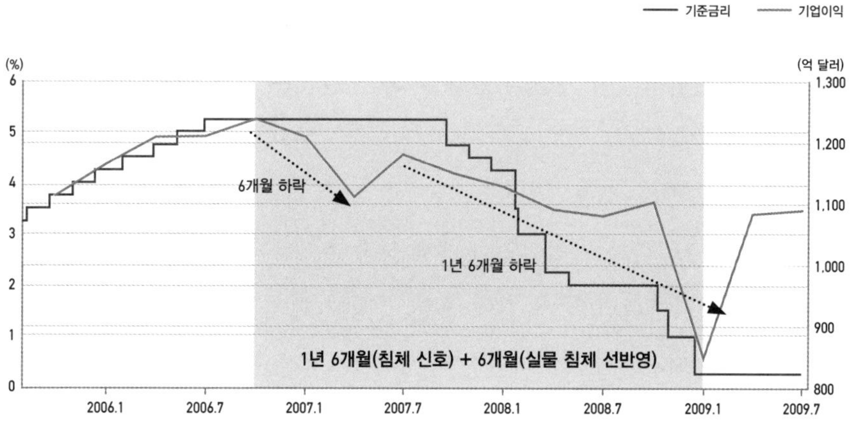

경기 침체나 불황이 발생하지 않은 1995년 모델에서는 기업이익이 장기간 하락하지 않았다. 반면, 2002년 모델에서는 기업이익이 3년간 하락 추세를 보였다. 2008년 모델에서는 기업이익 감소 추세가 2년 정도 지속되었다. 기업이익이 기술적 반등을 보인 중간 지점을 기준으로 삼을 때, 전반부 기업이익 하락은 경기 침체 진입 위기 신호 역할을 했고, 후반부 기업이익 하락은 실물 경기 침체의 선반영이라고 해석할 수 있다.

〈그림 7〉은 2022~2023년 미국 기업이익을 2008년 모델과 비교한 것이다. 2022~2023년의 기업이익 움직임은 2002년보다 2008년 모델과 비슷하다. 2022년 4분기부터 6개월 동안 하락했다. 2023년 2분기에는 기술적 반등을 했다. 2002년과 2008년 모델을 보면, 기업이익이 기술적 반등을 하는 기간은 3~6개월 정도였다.

만약 2024년 6월까지 기업이익이 대세 상승 추세를 만들지 못하고 다시 주저앉는다면 경기 침체 혹은 불황에 빠지는 시나리오를 준비해야 한다. 참고로, '기업이익 → GDP 성장률 → 실업률' 순서로 지표 움직임이 나타난다.

그림 7 **경기 침체 혹은 불황 시 미국의 기업이익(2022~2023년/2006~2009년)**

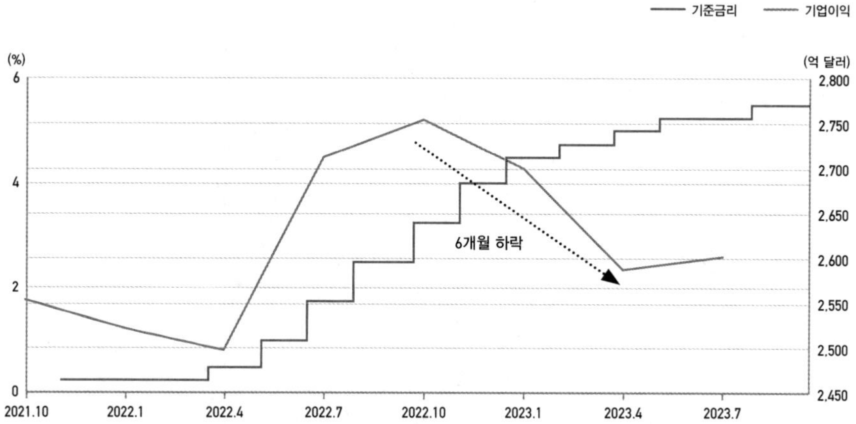

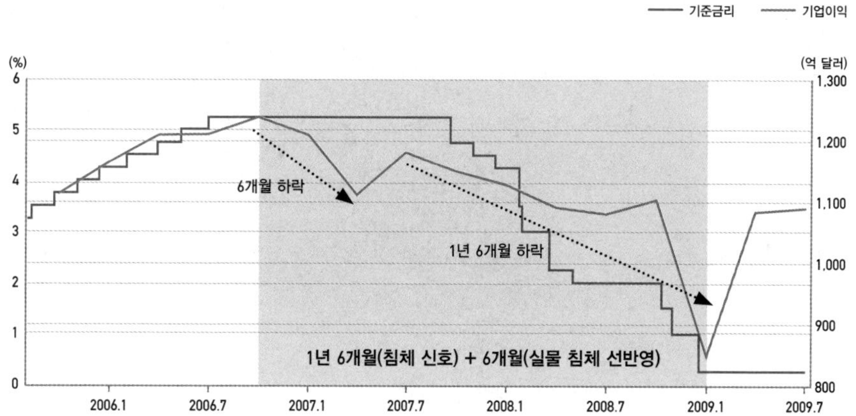

5

눈여겨볼
보조 신호

필자가 눈여겨보는 '보조 신호'도 있다. 바로 개인저축률이다. 기준금리가 인상되는 상황에서 경제성장률과 개인저축률이 동시에 하락하는 패턴이 발생하면 경기 침체에 진입할 확률이 높았다. 참고로 개인저축률은 경기 침체나 불황이 발생하면 상승으로 전환된다. 특히 경기 침체 직전에는 개인저축률이 최저치를 기록했다. 2023년 10월 기준, 미국의 개인저축률은 2009년 이후 25년 만에 최저치 부근을 맴돌고 있다.

2009~2018년까지 미국 개인저축률은 평균 5%대를 유지했다. 2019년에는 기준금리 인상 위기와 베이비붐 세대 은퇴 증가로 개인저축률은 7%대까지 증가했다. 같은 기간에 미국인의 개인소득증가율은 상승하지 않았다. 즉, 소득이 늘어서 개인저축이 증가한 것이 아니었다.

그림 8 **미국의 기준금리, GDP 성장률, 개인저축률(1975~2015년)**

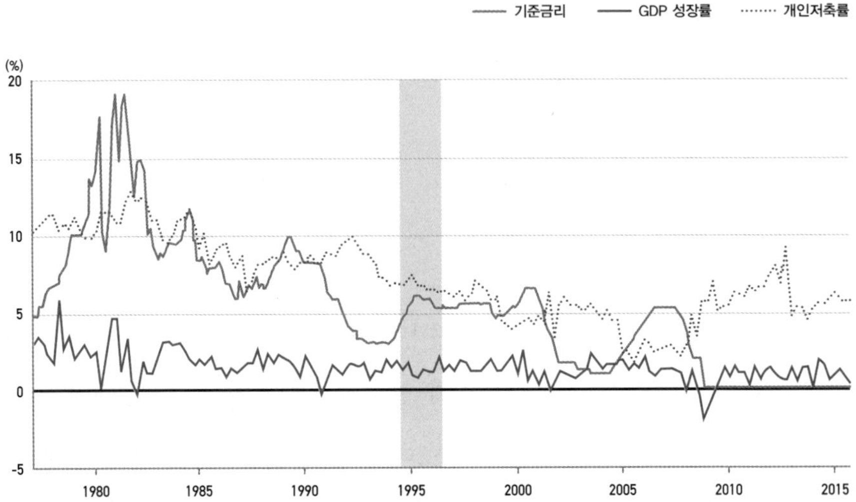

보라색으로 표시한 구간을 보라. 경기 침체가 없으면 기준금리가 인상되는 상황에서도 개인저축률은 하락해도 경제성장률이 잘 버텨준다.

코로나19 사태가 발발하자, 미국인의 개인저축률은 최고 34%까지 치솟았다. 이러던 추세가 2021년 말에는 2009~2018년 기간의 평균 저축률(7%)로 회귀했다.

2022~2023년 급격한 기준금리 인상과 40년 만의 최고 인플레이션에도 불구하고 미국 소비가 잘 버틴 이유를 필자는 코로나19 기간에 풀린 엄청난 유동성과 코로나19 이전에 개인저축률

평균치가 7%대까지 증가한 것에서 찾는다. 미국인의 개인저축률은 2022년 10월에는 3%까지 하락했다. 미국 역사상 가장 낮은 개인저축률을 기록했던 2008년 경기 침체 직전과 비슷했다. 2009~2018년까지 은퇴하는 베이비붐 세대가 미래를 대비하기 위해 높여놓은 저축률이 무너졌다는 위험 신호다.

6

가장 중요한 단기 변수,
미국 대통령 선거

2024년 미국 경제를 예측하는 데 영향을 미치는 단기 변수가 하나 있다. 미국 대통령 선거다. 대선 기간에는 많은 돈이 풀린다. 즉, 인위적 경기 부양 상황이 '일시적'으로 만들어진다. 2024년 11월에 실시되는 미국 대선은 미국 경제가 침체나 불황에 빠지느냐 아니냐를 예측하는 데 '왜곡' 요소로 작용할 가능성이 크다.

〈그림 9〉부터 〈그림 12〉는 과거 필자가 1988년부터 2020년까지 미국 대선과 경제 상황을 비교 분석한 그림들이다. 보라색으로 표시한 기간이 대통령 선거가 있던 해다. 박스 안에는 그해에 당선된 대통령을 적어놓았다.

그림 9 **미국 대선별 기준금리, GDP 성장률, 물가상승률, 실업률 비교(1988, 1992, 1996년)**

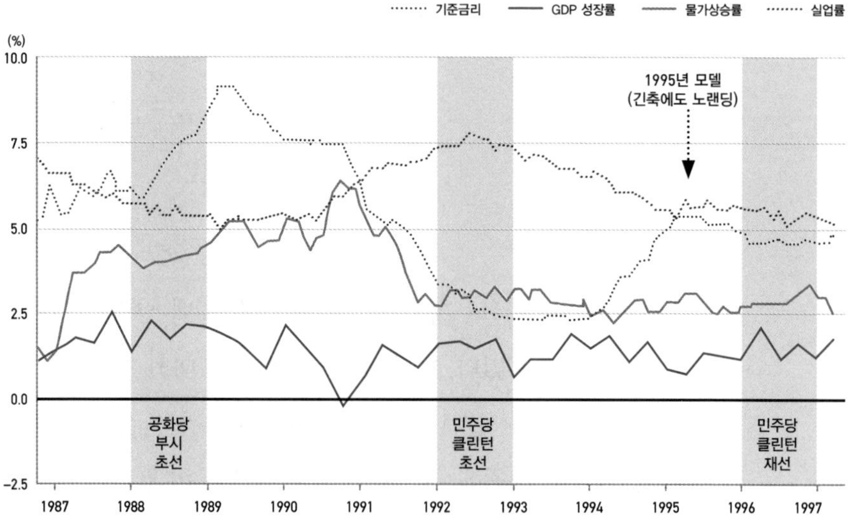

그림 10 **미국 대선별 기준금리, GDP 성장률, 물가상승률, 실업률 비교(2000, 2004, 2008년)**

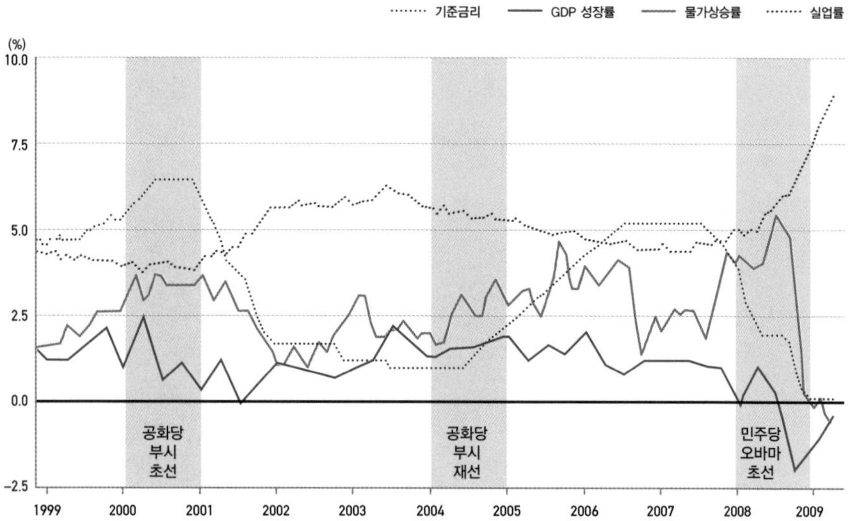

그림 11 미국 대선별 기준금리, GDP 성장률, 물가상승률, 실업률 비교(2012, 2016년)

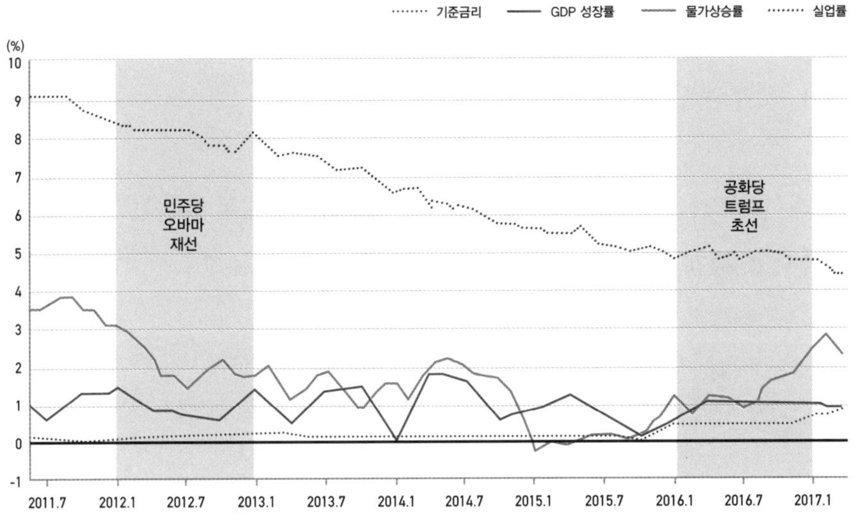

그림 12 미국 대선별 기준금리, GDP 성장률, 물가상승률, 실업률 비교(2020년)

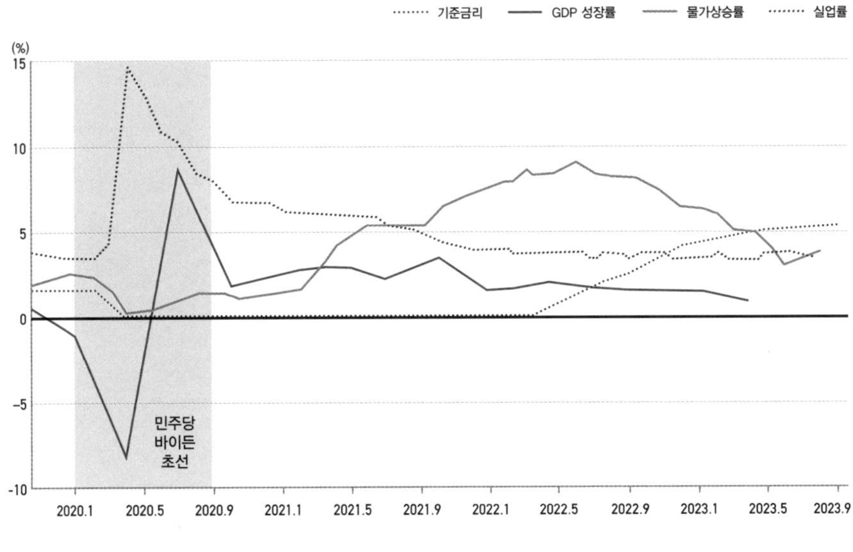

위 그림들을 가지고 미국 대선 기간의 경제 특징을 정리한다.

❶ 대선이 있는 해에 긴축이 진행되면, 경제 지표들은 대선 효과보다 '긴축'에 더 강한 영향을 받는다.

❷ 대선이 있는 해에 경기침체나 불황이 발생하면, 대선 효과는 사라지고, 경제는 '경기 침체'에 더 강한 영향을 받는다.

>>>

7

경기가 침체하면
트럼프가 승리한다

필자가 1988년부터 2020년까지 미국 대선 기간 각종 경제 지표를 비교 분석한 내용에는 중요한 통찰이 하나 더 있다. **경기 침체기, 혹은 경기 침체가 끝난 직후에는 정권교체가 일어났다.** 만약 미국 경제의 침체나 불황이 대통령 임기 초반에 일어나면 다음 선거에는 영향을 주지 않는다.

〈그림 9〉에서 보듯이 1995년 모델에서는 기준금리가 높게 올랐지만, 경기 침체나 불황이 발생하지 않았기 때문에 정권교체가 일어나지 않았다.

1996년 11월 5일에 실시된 미국 대통령 선거에서 민주당에서는 당시 대통령이었던 빌 클린턴이 후보로 지명되었고, 공화당에서는 밥 돌이 후보로 지명되었다. 최종적으로 379명의 선거인단을 확보한 빌 클린턴이 159명의 선거인단을 확보하는 데 그친 공화

>>>

당 밥 돌을 누르고 재선에 성공했다. 전국 득표율도 빌 클린턴이 49.2%, 밥 돌이 40.7%를 기록했고 둘 간의 차이는 8.5%p였다. 빌 클린턴의 압도적 승리였다.

반면, 임기 후반에 경기 침체나 불황이 발행한 경우에는 정권이 바뀌고 재선에 실패하는 경우가 많았다. 예를 들어, 1988년 11월 8일 대선에서 공화당의 조지 H. W. 부시는 전국 득표율 53.4%, 선거인단 426명을 확보하여 민주당의 마이클 두카키스(전국 득표율 45.7%, 선거인단 111명)에 압승을 거두었다. 하지만 1992년 11월 3일 대선에서는 공화당의 조지 H. W. 부시가 전국 득표율 37.4%, 선거인단 168명 획득으로 재선에 실패했다.

2004년 11월 2일 대선에서 아들 부시와 공화당은 전국 득표율 50.7%, 선거인단 286명 획득으로 재선에 성공했다. 그다음에 열린 2008년 11월 4일 대선에서 존 매케인을 후보로 앞세운 공화당은 전국 득표율 45.6%, 선거인단 173명을 얻는 데 그쳤다. 대신, 민주당 버락 오바마가 전국 득표율 52.9%, 선거인단 365명을 얻어서 정권교체에 성공했다.

2004년 대선에서 공화당의 아들 부시와 민주당의 존 케리 간의 전국 득표율은 50.7%와 48.3%로 박빙이었다. 하지만 임기 후반에 경기 침체나 불황이라는 악재가 발생하자, 2008년 대선에서 두 당의 득표율 차이는 52.9%(민주당 오바마)와 45.6%(공화당 매케인)로 크게 벌어졌다.

2016년 11월 8일 열린 대통령 선거에서 돌풍을 일으키며 민주당 힐러리 클린턴을 누르고 미국의 제45대 대통령에 당선된 트럼프는, 2020년 11월 3일 치러진 대선에서는 코로나19로 인한 경기 침체 문제를 극복하지 못하고 조 바이든과 민주당에 정권을 빼앗겼다. 역시 이때도 두 당의 득표율은 51.3%와 46.9%로 격차가 크게 벌어졌다.

경기 침체기, 혹은 경기 침체가 끝난 직후에 정권교체가 일어나는 결정적 요인은 중산층과 러스트벨트 등 '경합주' 지역 민심의 이반, 경제 위기에 대한 책임 추궁이었다. 필자는 2024년 미국 대선의 승패를 가르는 핵심 변수를 2가지로 꼽는다. 하나는 바이든의 건강이고, 다른 하나는 2024년 미국에서 경기 침체나 불황이 시작되느냐 아니냐다.

만약 미국 경제가 높은 기준금리 부담에도 불구하고 1995년 모델처럼 경기 침체나 불황이 발생하지 않고 극적으로 대세 상승으로 전환한다면 바이든이 고령으로 인한 건강 불안이라는 문제

>>>

에도 불구하고 재선에 성공할 수 있다. 하지만 2024년 미국 경제가 경기 침체나 불황에 빠지는 시나리오를 따라가면 트럼프가 각종 사법 리스크 악재에도 불구하고 재선에 성공하는 시나리오가 펼쳐질 가능성이 매우 크다.

8

대격변의 분기점은
기준금리 인하 개시 9개월 후

필자는 **미국의 경기 침체, 대선의 향방이 정해지는 결정적 분기점을 '연준의 기준금리 인하 개시 9개월 후'**로 꼽는다. 분기점이란 1995년, 2002년, 2008년 모델 중 하나로 방향이 확정되는 시점을 말한다.

먼저 연준이 기준금리 인상을 멈추고 기준금리 인하를 시작할 때까지 시간이 얼마나 걸렸는지를 보자. 1995년 모델에서는 기준금리 인상을 멈춘 후 5개월 동안 유지했다. 2002년 모델에서는 7개월 동안 유지했다. 2008년 모델에서는 14개월 동안 유지했다. 〈그림 13〉을 보자. 미국의 기준금리와 다우지수Dow Index를 비교한 그래프다.

필자가 주식 시장 그래프를 분석한 이유가 있다. 연준이 발표한 경기 침체나 불황 기간은 후행적 지표다. 반면, 주식 시장에서 주

그림 13 **기준금리에 따른 주가 추이(1990~2010년)**

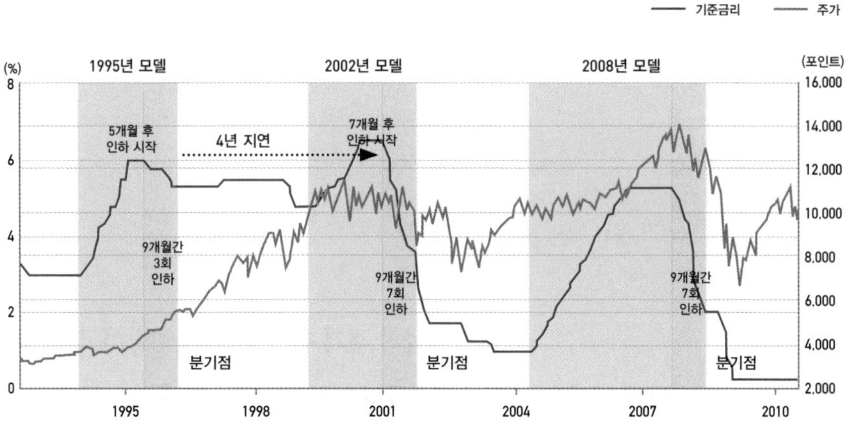

가의 움직임은 실물 시장과 직결되어 있다. 그래서 동시적 혹은 선행적 지표다. 만약 실물 경제 주체들이 경기 침체나 불황을 피할 수 없다고 판단하면 주식 시장에서 주가 하락이 급격하게 일어난다. 필자는 기준금리 인하를 시작하고 '언제' 주가가 급격하게 하락하기 시작했는지를 분석했다.

〈그림 13〉에서 필자가 표시한 분기점을 보라. 주식 시장의 급격한 하락 움직임의 시작은 연준이 기준금리 인하를 개시하고 대략 9개월 전후 시점이다. 1995년 모델을 보자. 연준이 기준금리

>>>

그림 14 **기준금리 인하 개시 9개월 후의 분기점(1992~2010년)**

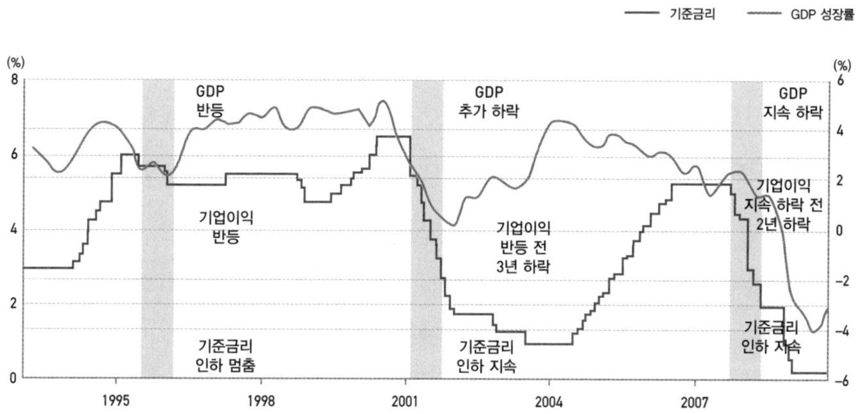

보라색으로 표시한 부분이 기준금리 인하 개시 시점과 9개월 뒤 분기점 사이이다.

인하를 시작하고 9개월 동안 주식 시장 움직임은 실물 경제 주체들이 경기 침체나 불황이 없다는 것을 확신하고 있음을 보여준다.

〈그림 14〉에서 보듯이 2002년과 2008년 모델은 연준이 기준금리 인하를 시작한 후 9개월 동안의 주식 시장 움직임이 1995년 모델과 다르다. 기준금리를 계속 인하해도 주식 가격이 상승하지 않는다. 박스권에서 상승과 하락을 반복하거나 오히려 약세장 움직임을 보였다. 그리고 9개월 전후로 해서 급격한 하락을

시작했다.

필자가 연준이 기준금리 인하를 시작하고 9개월 동안이 중요하다고 생각하는 이유가 하나 더 있다. 〈그림 13〉에서 필자가 표시했듯이 1995년 모델에서는 9개월 동안 단 3회만 기준금리를 인하했다. 반면 2002년 모델과 2008년 모델에서는 각 7회 기준금리 인하를 단행했다. 9개월 동안 열리는 미연방 공개시장위원회 Federal Open Market Committee, FOMC 회의 때마다 거의 매번 기준금리 인하를 단행했다는 말이다.

1995년 모델은 연준이 판단하는 미국의 경제 상황이 기준금리 인하를 천천히 해도 될 만큼 자신이 있었음을 시사한다. 반면 2002년 모델과 2008년 모델은 연준이 판단하는 미국 경제가 기준금리 인하를 급격하게 해야 할 정도로 위급했음을 보여준다.

1995년 모델에서는 9개월이 지나자 기준금리 인하를 멈췄다. 기업이익이 반등하고, 연간 GDP 성장률도 반등했기 때문이다. 반면 2002년 모델과 2008년 모델에서는 9개월 이후에도 기준금리 인하가 계속되었다. GDP 성장률도 추가 하락했다. 2008년 모델에서는 기업이익도 추가 하락했다.

참고로 2002년 모델에서 기준금리 인하 9개월 이후에 기업이익이 반등한 것은 경기 침체 직전에 기업이익 하락 추세가 2008년 모델보다 길었기 때문이다. 즉, 이미 빠질 만큼 빠졌기에 반등을 시작했다는 말이다.

9

2024 미국 인플레이션 시나리오

□——— 1981~2022년 미국의 기준금리와 물가상승률 변화를 비교한 그래프인 〈그림 15〉를 보자. 미국 인플레이션의 장기 패턴에서 나타나는 특징이 있다.

❶ 인플레이션율의 본격적인 대세 하락은 경기 침체가 발생해야 일어난다.

❷ 기준금리 인상이 정점에 이르면, 인플레이션율은 상승을 멈추거나 '일시적' 하락을 한다.

❸ 경기 침체 직전이나 경기 침체기 초반이 되면, '일시적' 재상승을 하고 곧바로 급락한다. 경기 침체 직전에 인플레이션율이 재상승하는 이유는 침체 직전에 실업률은 최저, 노동참여율은 최고치에 도달하여 노동 비용과 임금상승률과 임대료와 식품 가

그림 15 **미국 기준금리와 물가상승률의 장기 패턴(1981~2022년)**

격을 한 번 더 자극하는데, 이런 영향이 물가에 뒤늦게 반영되기 때문이다. 이때, 국제 유가마저 '일시적'으로 상승하면 인플레이션율은 추가 상승한다.

❹ 미국 100년간의 인플레이션 초장기 추세에서도 경기 침체나 불황이 없이 인플레이션율을 기준금리 인상만으로 '급락'시킨 사례는 1997~1998년 단 한 번뿐이다. 이것은 1995년 모델의 연장이라고 해석해야 한다.

위의 미국의 기준금리와 인플레이션율 장기 패턴을 고려할 때, 2024년 미국의 인플레이션 시나리오는 2가지다.

❶ 1995년 모델처럼 경기 침체나 불황이 발생하지 않을 경우, 미국의 물가는 코로나19 발생 직전보다 약간 높은 수준에서 오랫동안 지속될 가능성이 크다.

❷ 2002년과 2008년 모델처럼 경기 침체나 불황이 발생할 경우, 경기 침체 진입기 초반에 물가는 '일시적'으로 재상승한 후에 곧바로 '급락'할 것이다. 과거의 사례로 볼 때, 경기 침체나 불황으로 인플레이션율이 급락하면 최소 3%p 최대 5%p 이상 하락했다. 즉, 2024년 경기 침체나 불황에 진입하면 미국의 인플레이션율은 0%나 마이너스까지 기록할 가능성이 있다.

PART 2

세계 금융 투자 전망

10

2024 연준 기준금리 시나리오

□———— 2024년 금융 및 투자 전망에서 주요 이슈 중 하나는 기준금리다. 특히 "연준이 기준금리를 어디까지 내릴 수 있을까?"다. 기준금리는 개인 및 기업의 금융 비용 부담은 물론 주식, 채권, 암호화폐, 달러, 원자재의 가치 등 금융 투자 시장 전방위에 영향을 준다. 이 질문에 대한 논리적 예측을 얻기 위해서는 2가지 전제를 이해해야 한다.

❶ 일명 '점도표dot plot'라고 불리는 연준의 기준금리 전망치는 믿지 말라.

❷ 연준의 기준금리 정책은 인플레이션율 상승의 힘을 누그러뜨리는 데는 효과가 있고 여러 번 성공했다. 하지만 인플레이션율을 적정 수준까지 끌어내리는 데는 한 번도 성공한 적이 없다. 정확히 말하면, 연준이 기준금리 정책을 사용해서 인플레이션율

을 적정 수준까지 끌어내리기 전에 경기 침체가 발생했고, 그 힘으로 인플레이션율이 적정 수준까지 하락했다.

〈그림 16〉은 1994년부터 코로나19 직전까지 연준의 실제 기준금리 움직임을 연준 점도표의 중앙값의 예측치와 시장의 기대예측치와 비교한 것이다. 결론은 간단하다. 연준 내부 위원들이 발표한 점도표상의 예측치와 투자 시장의 예측치 모두 맞은 적이 한 번도 없다. 우리가 잘 알듯이, 연준이 발표하는 점도표도 자주 바뀐다. 필자가 늘 강조하지만, 연준의 점도표는 장기 예측에 사용하면 안 된다. 연준의 점도표도 후행적이며 단기 예측에만 참고해야 한다.

연준은 통화 정책을 결정할 때 19명의 위원이 논의하고, 12명이 투표한다. 점도표는 19명이 모두 찍는다. 미국 중앙은행 역할을 하는 연준의 제1 책무는 화폐 가치(물가) 관리다. 제2 책무는 금융 안정이다. 연준이 대공황 이후에 금융 안정을 목표로 태동했기 때문이다. 제3의 책무는 고용 안정(실물 경제)이다.

제2 책무는 상식적이고 당연한 것이다. 그래서 연준의 주요 책무를 거론할 때, 제1 책무(물가 관리)와 제3 책무(고용 안정)을 강조한다. 연준에 따르면 그들의 핵심 책무는 "안정적인 물가와 지속

그림 16 기준금리 전망치와 실제 기준금리 비교(1994~2024년)

연준의 전망치

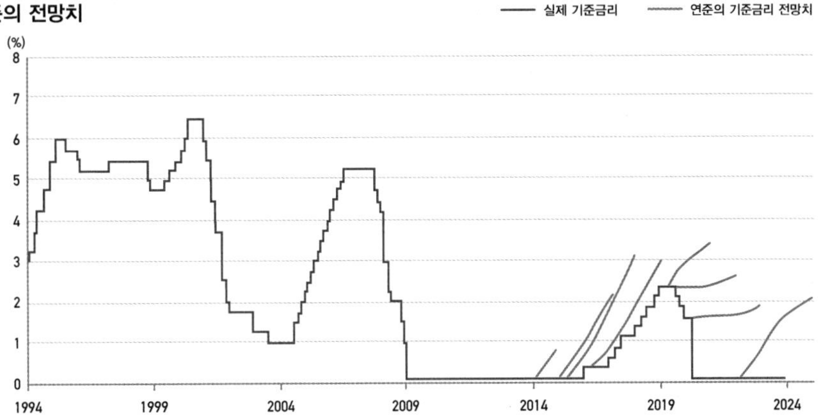

시장의 전망치

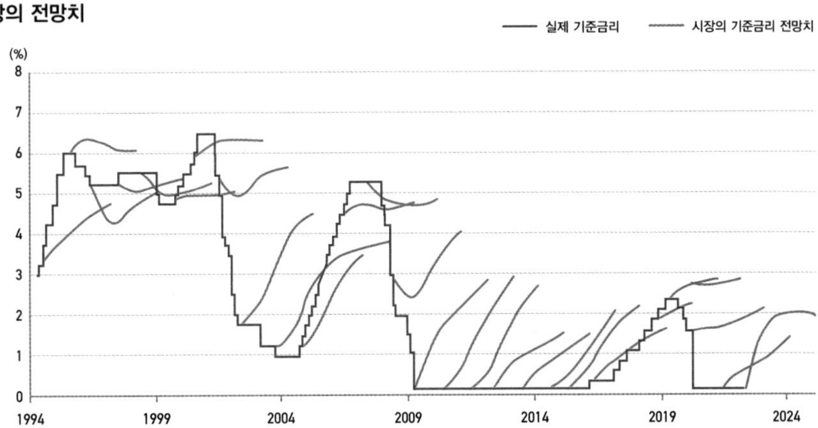

연준의 기준금리 전망치는 매년 2월 중순 발표되는 FOMC 중앙 점도표의 보간(補間)(알려진 범위 내에서 중간값의 추정치)을 기준으로 했다(출처: Piper Sandler and Bloomberg).

가능한 최대의 고용률을 동시에 달성할 수 있도록 경제 여건을 촉진하는 것"이다. 문제는 이 2가지에 영향을 미치는 변수가 많고 시시각각 바뀐다는 것이다. 그래서 연준의 통화 정책 전망, 기준금리 인상·인하 계획을 암시하는 점도표도 시시각각 바뀐다.

〈그림 17〉을 보자. 2022년 3월에 발표한 기준금리 예측 점도표와 2023년 9월에 발표한 점도표를 비교했다. 불과 1년 6개월 만에 2023~2024년 기준금리 예측치가 2배 이상 높아졌다. 2023년 9월에 발표한 점도표에 따르면, 2024년 말 미국의 기준금리 예측 중간값은 5.0%다. 2.5%까지 하락하는 시점도 2027년경으로 예측했다. 필자가 확신하건대, 2023년 9월에 발표한 점도표도 중장기 움직임은 전혀 맞추지 못할 것이다. 2021년 6월 제롬 파월 연준 의장도 점도표에 대한 이렇게 평가했다.

"점도표는 미래의 기준금리 움직임을 예측할 수 있는 위대한 지표가 아니다. 너무 불확실하기 때문이다. (…) 위대한 예측 지표는 없다. 점들은 걸러서 봐야 한다."

그러면 금융 투자 시장에서 중요한 변수인 '기준금리 움직임'에 대한 전망의 기준은 무엇으로 삼아야 할까? 필자의 조언은 이렇다. 연준 점도표의 예측치는 단기 예측에만 참고하라. 연준은 시

>>>

그림 17 **FOMC 위원들이 예측한 기준금리를 표시한 점도표**

2022년 3월

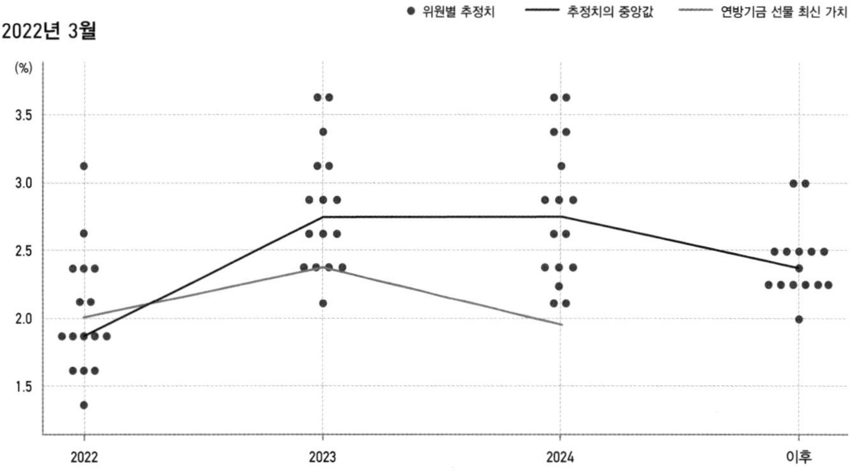

2023년 9월

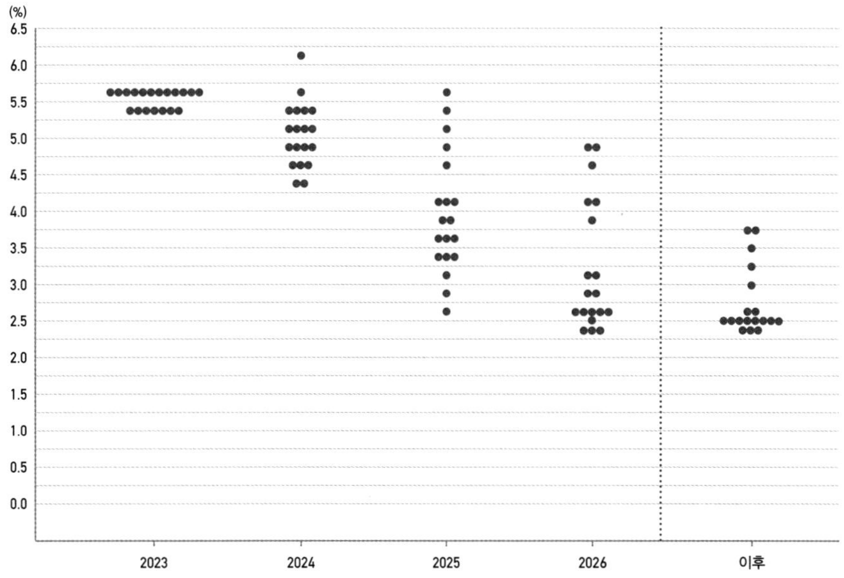

장을 길들이기 위한 언어도 자주 구사한다. 연준도 중장기 적정 기준금리 예측치를 맞출 수 없다. 대신, 연준이 기준금리를 조정하는 원칙은 있다. 독자들은 전망치보다 원칙을 참고해야 한다. 아래는 연준이 기준금리 수준을 조정하는 원칙들을 필자가 정리한 것이다.

❶ 기준금리 인상 시작은 자산 매입 종료 후 6~12개월 이후다.

❷ 완전 고용(실업률 4%)에 도달하면, 기준금리 인상 종료가 가까워진다.

❸ 기준금리 최종 목표 평균 도달 기간은 보통 1.5~2년(최장 4년)이었다.

❹ 최근의 긴축 기간, 연준은 기준금리를 GDP 성장률보다 1%p 이상 높게 유지하려 노력했다.

❺ 최근의 긴축 기간, 연준은 기준금리를 근원 인플레이션율Core Inflation보다 2~3%p 높게 유지하려 노력했다. 참고로 근원 인플레이션율은 소비자물가지수CPI에서 변동성이 큰 식품과 에너지 품목을 제외한 지표다.

>>>

❻ 최종 기준금리는 근원 인플레이션율보다 높게 종결된다.

❼ 최종 기준금리는 연간 GDP 성장률보다 낮거나 비슷하게 종결된다.

❽ 기준을 4~5차례 동시 충족하지 못할 경우, 최종 기준금리 종결 수준을 결정하는 기준은 근원 인플레이션율이 된다.

❾ 실업률이 상승 추세로 전환되기 시작하면, 연준은 기준금리 인하를 준비한다.

❿ 기준금리 인하 시작은 근원 인플레이션율이 본격적으로 대세 하락하기 시작하는 것보다 먼저 이루어진다.

⓫ 기준금리 인하 시작은 GDP 성장률 하락보다 후행한다.

⓬ 기준금리 대세 하락 전환은 경기 침체보다 선행한다.

⓭ 경기 침체가 시작되면, 연준은 기준금리를 GDP 성장률 하락 폭을 따라가며 인하했다.

⓮ 기준금리 인하가 멈추는 시점은 경기 침체의 근본적 대응책이 나온 이후다.

⓯ 최근 양적 완화 기간, 연준은 기준금리를 기본 인플레이션율 Headline Inflation보다 1~2%p 낮게 유지하려 노력했다.

위 원칙 중에서 기준금리 인하와 연관된 원칙은 9~15번이다. 이 원칙들과 필자가 1부에서 분석하고 예측한 3가지 모델, 2024년 미국 경제 시나리오들을 종합해서 이번 기준금리 인하 움직임과 적정 수준에 대한 몇 가지 예측을 해볼 수 있다.

❶ 연준은 인플레이션율 추가 상승의 힘을 완전히 통제했다고 판단하면 기준금리 인하를 시작하지만, 인플레이션율이 재상승하면 '언제든지' 기준금리를 다시 올릴 가능성이 있다.

❷ 2024년 미국 GDP 성장률이 1~2% 수준 방어에 성공할 경우, 연준은 근원 인플레이션율 하락 움직임과 2~3%p 격차를 두고 기준금리 인하 속도를 조절할 가능성이 크다. 만약 경기 침체 없이 2024년 말 근원 인플레이션율이 2%대까지 하락하면, 2024년 말 미국 기준금리는 4%대까지 하락할 수 있다. 당연히 이 과정에서 인플레이션이 재상승하면 연준도 기준금리를 재상승시킬

>>>

수 있다.

→ 이럴 경우, 2024년 말 한국의 기준금리는 2%대 중후반까지 인하될 수도 있다.

❸ 2024년 미국에 경기 침체가 발생하더라도 GDP 성장률이 마이너스로 추락하지 않으면(연착륙), 연준은 (경기 침체에 대응하는 의미로) 기준금리를 최소 3%대 중반, 최대 2%대 중반까지 인하할 수 있다. 2023년 9월 연준이 발표한 점도표와 비교한다면, 2026~2027년에나 가능하다고 전망했던 일이 벌어진다.

→ 이럴 경우, 한국의 기준금리는 1%대 중후반까지 인하가 가능하다.

❹ 2024년 미국에 경기 침체가 발생하고 GDP 성장률이 마이너스로 추락하면(경착륙), 연준은 깊고 넓은 불황으로 치닫는 상황을 막기 위해 기준금리를 2% 미만으로 낮출 수도 있다.

11

‘소음’에
속지 마라

2024년 경제, 금융, 투자 시장 예측과 판단에 도움이 되지 않는 '소음Noise'도 정리하고 넘어가자. 가장 큰 소음은 고용 및 소비 지표에서 나온다. 국제 유가도 소음이 될 수 있다.

〈그림 18〉을 보자. 1995년, 2002년, 2008년 모델에서 고용지표들은 경기 침체 혹은 불황이 시작되기 전에도 '그다지 나쁘지 않음'이라는 목소리를 낸다. 그래서 연준이나 정부, 그리고 시장 일부에서는 "미국 경제는 탄탄하다"라는 주장을 계속할 수 있게 해준다. 1부에서 분석했듯이, 경기 침체 혹은 불황 진입 직전에 고용 시장에서는 완전 고용이라는 성과가 나온다. 〈그림 18〉에서 보듯이 실업률은 경기 침체가 발생해야 상승하기 시작한다.

〈그림 19〉에서 보다시피 실업수당청구 건수도 경기 침체가 발생해야 늘어난다. 고용률도 경기 침체 직전에 최고치에 이른다. 취

그림 18 기준금리에 따른 실업률(1995~2023년)

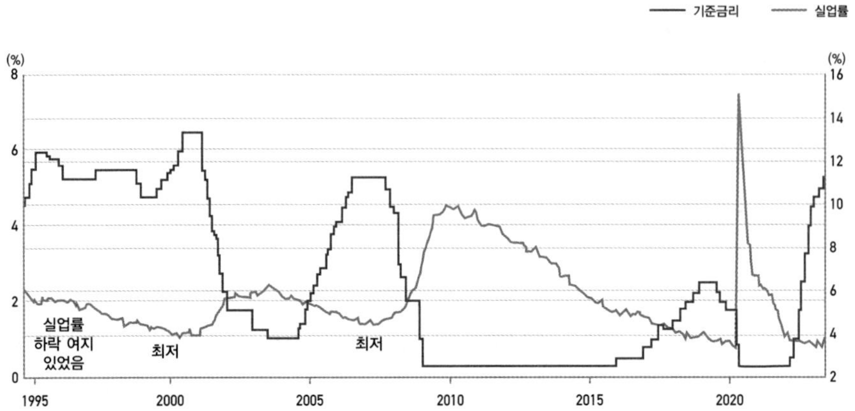

그림 19 기준금리에 따른 실업수당청구 건수(1995~2023년)

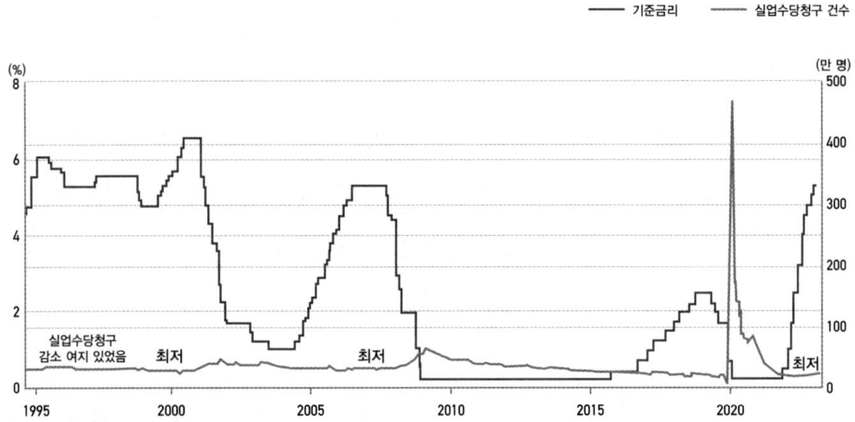

업자 수는 인구 증가로 인해 계속 우상향하기 때문에 신호로 사용하기 어렵다. 〈그림 20〉처럼 노동참여율(고용률)도 고령화로 인해 계속 우하향하기 때문에 신호로 사용하기 어렵다.

연준이 총실업률이 완전 고용에 진입해도 기준금리 인하를 즉시 단행하지 않고 상방에서 오랫동안 유지한다. 그 이유는 흑인, 히스패닉계 등 저소득층 실업률이 추가로 하락하는 시간이 필요하기 때문이다. 그 결과, 〈그림 21〉에서 보듯이 흑인, 히스패닉계 등 저소득층 실업률 하락은 경기 침체 혹은 불황에 진입하기 시작할 때까지 지속된다. 이렇게 실업률 하락이 지속되니 고용이 탄탄해서 경기 침체나 불황에 빠질 가능성이 적다고 오판하게 된다.

고용 시장이 경기 침체 직전까지 좋은 성과를 유지하고 있으면, 소비지표도 나빠지기 힘들다. 그래서 소비지표도 경기 침체나 불황 여부를 예측하는 데 있어 '소음'이다.

〈그림 22〉를 보자. 2002년 닷컴버블 붕괴로 경기 대침체가 발생하기 직전까지 미국의 월간 소매판매지수는 상승과 하락을 반복했다. 〈그림 23〉과 〈그림 24〉를 보자. 같은 기간, 기업이익은 계속 하락하고 있었지만, 연간 소매판매지수는 상승했다.

그림 20 **기준금리에 따른 고용률(1995~2023년)**

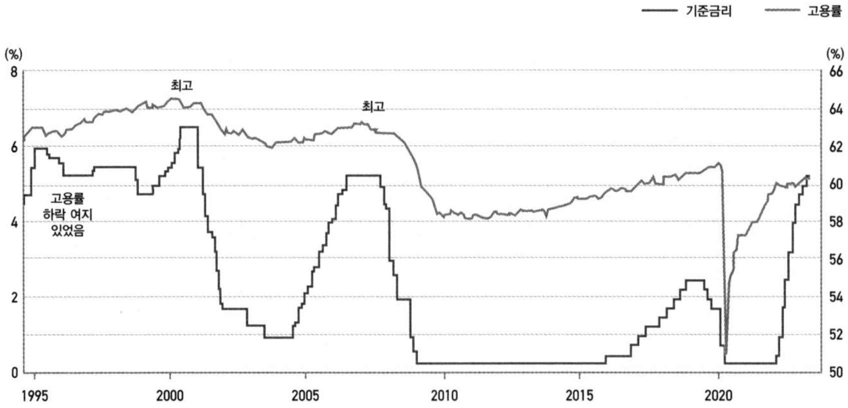

그림 21 **기준금리에 따른 저소득층의 실업률(평균, 흑인, 히스패닉계)**

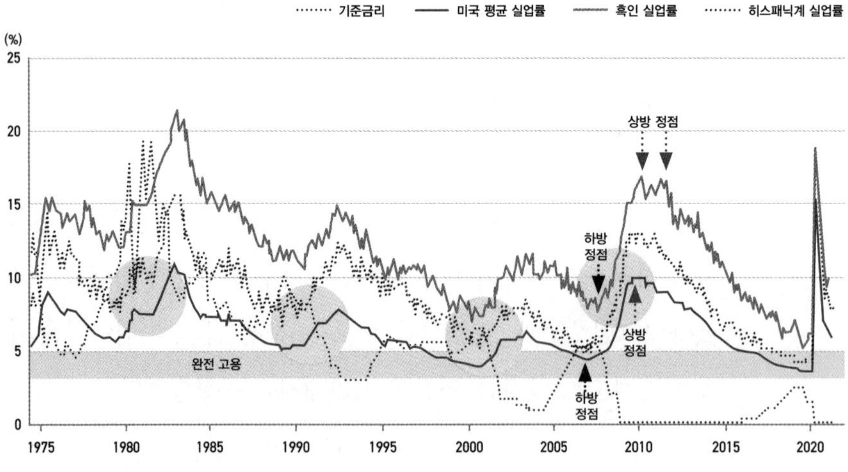

흑인, 히스패닉계 등 저소득층 실업률은 미국 전체 평균 실업률보다 늦게 정점에 이르고, 정점에 머무는 기간도 길고, 더 늦게 감소한다.

그림 22 기준금리와 월간 소매판매지수 비교(1992~2002년)

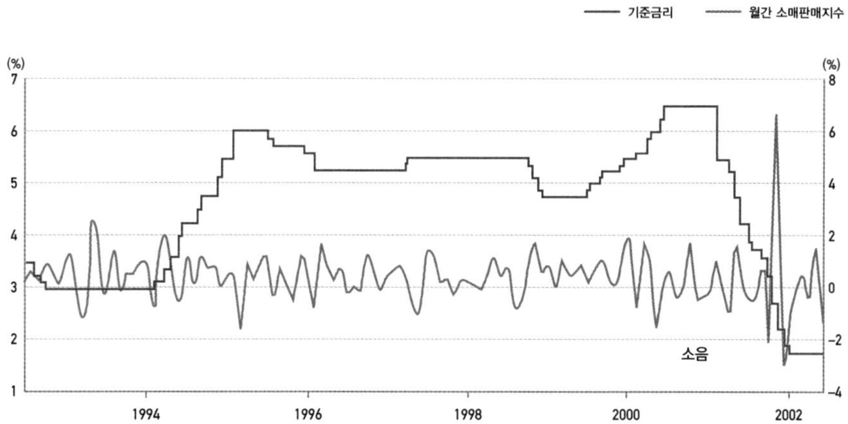

그림 23 연간 소매판매지수와 기업이익 비교(1992~2002년)

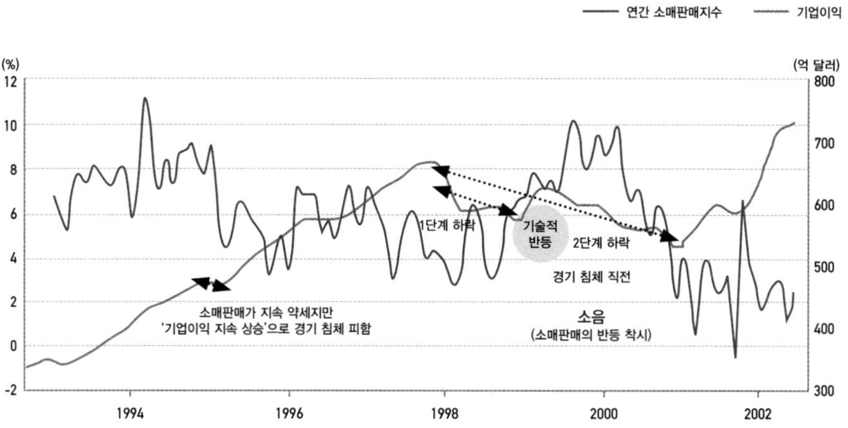

그림 24 기준금리와 개인소득 증가율 비교(1992~2002년)

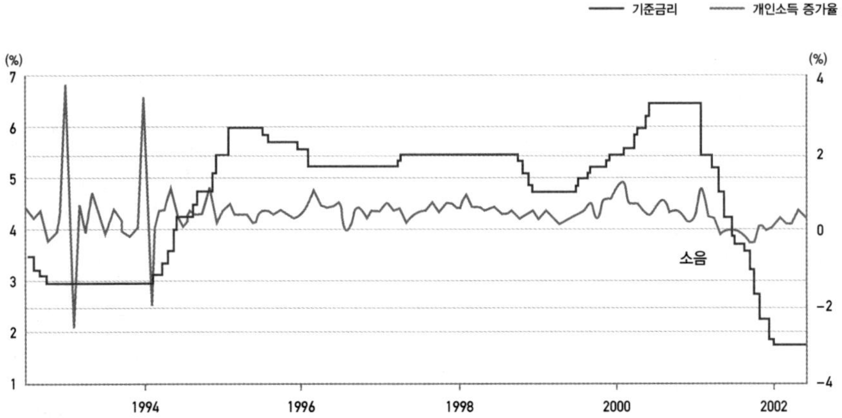

그림 25 기업파산 건수와 기준금리 비교(1970~2023년)

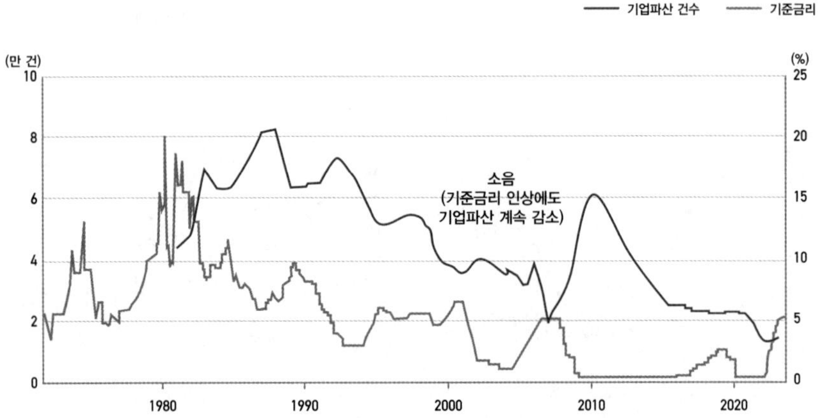

>>>

그림 26 **기준금리와 CCC 등급 회사채 금리 비교(1998~2022년)**

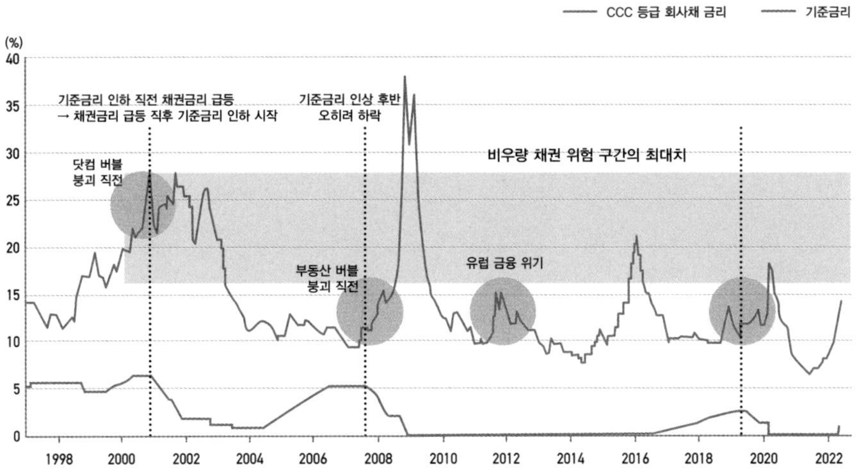

개인소득도 소음이다. 〈그림 24〉에서 보다시피 이 지표도 후행 지표다. 임대료 추세도 소음이다. 기준금리 인상 종료 이후에도 임대료는 상승을 지속할 수 있다. 임대료가 크게 하락하는 시점은 경기 침체 중반쯤 가야 나타난다.

〈그림 25〉처럼 기업파산 건수도 소음이다. 기준금리가 계속 상승해도 기업파산율이 계속 하락한 경우가 많았다. 기업파산율이 급격하게 상승하는 현상은 경기 침체에 진입해야 시작된다.

〈그림 26〉처럼 기준금리 인상이 멈추면 비우량 채권의 금리도 일시적으로 내려간다. 비우량 채권의 금리는 경기 침체 혹은 불황 진입 직전에 거꾸로 급락하는 움직임을 보일 때도 있었다. 따라서 후행 지표이자 소음이다.

12

금융 시장,
왜곡과 착시가 난무한다

2024년 투자 시장 전체에서 발생하는 중요한 움직임은 왜곡과 착시의 난무다. 2024년이 왜곡과 착시가 난무하는 해가 되는 이유는 3가지다.

❶ 경기 침체 발생 직전에는 '언제나' 왜곡과 착시가 난무했다. 노랜딩, 연착륙, 경착륙 등의 주장이 마지막 힘겨루기를 하기 때문이다.

❷ 2024년에 실시되는 대통령 선거도 왜곡과 착시를 증가시킬 요인이다.

❸ 유동성이 엄청나기 때문이다. 미국 중앙은행인 연준의 대차대조표를 보자.

>>>

그림 27 **긴축 정책 시 미국 중앙은행의 대차대조표(2000~2023년)**

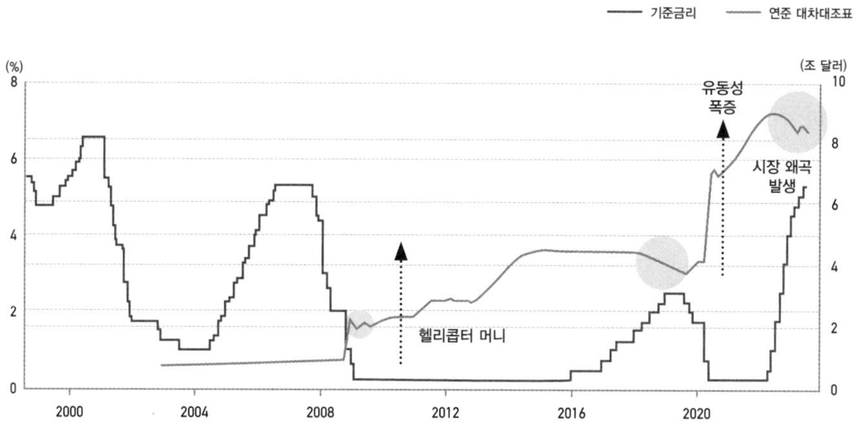

대차대조표는 중앙은행의 보유 자산, 부채, 자본이 기록되어 있어서 그 기관의 재무 상태를 오롯이 보여주고, 그 흐름이 어떤가를 통해 통화 정책에 관한 활동을 분석할 수 있다. 그 외에도 중앙은행의 대차대조표는 해당 국가의 외환 정책 및 금융 시장의 안정을 위한 다양한 조치들을 반영한다.

〈그림 27〉에서 보듯, 연준의 대차대조표는 2007년~2008년 금융 위기 이후 크게 확대되었으며, 이후 연준의 다양한 정책 조치에 따라 그 규모와 구성이 변해왔다. 연준의 대차대조표의 주요

항목은 다음과 같다.

❶ 자산

- **미국 정부채:** 연준은 통화 정책 수행을 위해 대규모의 미국 재무부 채무 증권을 보유한다.
- **사모 지급 증서 및 기타 정부 지원 기관 채무 증권:** 프레디맥Freddie Mac, 패니메이Fannie Mae 등의 기관에서 발행한 채무 증권.
- **모기지 지원 증권MBS:** 주택 모기지 대출에 기반한 증권.
- **중앙은행 간 대출:** 다른 국가의 중앙은행과의 대출.
- 금을 비롯한 기타 다양한 형태의 자산.

❷ 부채

- **연방준비은행 보유 예금:** 상업은행들이 연준에 보유하고 있는 예금.
- **정부 예금:** 미국 재무부나 다른 정부 기관의 예금.
- **연방준비제도의 화폐 발행:** 연준이 발행한 화폐의 총액(이는 기술적으로 연준의 부채로 분류되며, 이 화폐는 연방준비은행이나 재무부에 의해 발행된다).
- 기타 다양한 형태의 부채.

❸ 자본

자본잉여금: 연준의 기본 자본과 이익의 누적액.

연준의 대차대조표 총액이 늘었다면 연준이 보유하고 있는 자산의 총액이 증가했다는 것이고, 줄었다면 그 반대다. 2021년 미국 연준은 기준금리 인상을 시작하면서 대차대조표 총액을 줄이기 시작했다. 연준의 대차대조표 총액이 감소하는 주요 원인은 다음과 같다.

❶ **오픈마켓 작업:** 연준이 시장에서 보유하고 있던 미국 정부채나 기타 채무 증권을 팔았을 때, 그에 상응하는 자금이 시장에서 회수되며 연준의 자산이 감소한다.

❷ **대출의 만료:** 연준이 과거에 상업은행이나 기타 기관에 제공했던 긴급 대출이 만료되고 상환되면, 연준의 자산이 감소한다.

❸ **기타 자산의 감소:** 연준이 보유한 다른 형태의 자산(예: 외환 보유액, 장기 투자 등)의 가치가 하락할 경우다.

연준의 대차대조표 총액의 감소는 다음과 같은 의미와 영향을 가질 수 있다.

❶ **긴축적 통화 정책:** 연준의 대차대조표 감소는 대개 긴축적 통화 정책의 일환으로 시행된다. 이는 연준이 인플레이션 압력을 줄이거나 경제 과열을 방지하려는 의도로 행해질 수 있다.

❷ **시장 유동성 감소:** 연준의 자산을 감소시키면, 그만큼의 현금이 금융 시장에서 회수되므로 시장의 유동성이 감소하게 된다. 이는 금리 상승의 압력으로 작용할 수 있다.

❸ **신호 전달:** 연준의 대차대조표 조정은 시장에 대한 연준의 경제 전망 및 정책 방향에 대한 신호를 보낼 수 있다. 대차대조표를 줄이려는 연준의 결정은 경제가 과열되고 있거나 인플레이션 압력이 걱정된다는 뜻으로 해석할 수 있다.

❹ **금융 시장의 반응:** 연준의 대차대조표 감소는 주식, 채권, 환율 등 다양한 금융 시장에 영향을 미칠 수 있다.

〈그림 27〉에서 보듯 2020~2021년 코로나19 팬데믹 동안 연준은 역사상 유례없는 유동성 확대를 실행했다. 이 기간에 연준이 시장에 쏟아낸 돈은 2008년 금융 위기 극복을 위해 쏟아낸 '헬리콥터 머니'보다 많았다. 이 정책 덕택에 미국 경제는 대공황의 재발을 막았다.

>>>

하지만 부작용도 역대 최대 규모였다. 주식 시장의 대폭등과 40년 만에 최고 수준의 인플레이션이 뒤따랐다. 2021년 연준은 기준금리 인상을 시작하면서 대차대조표 총액을 줄여서 부작용과의 전쟁을 시작했다. 단기간의 긴축 규모는 2008년 글로벌 금융 위기 기간에 시행한 긴축 규모를 몇 배나 능가했다. 하지만 2023년 금융 투자 시장에서는 유동성이 여전히 넘쳐났다. 2024년에도 이런 분위기는 계속될 가능성이 크다.

〈그림 28〉은 미국 상업은행의 대차대조표다. 2022~2023년에 미국 상업은행의 대차대조표 총금액에는 변화가 거의 없었다. 상업은행은 개인과 기업의 예금과 대출을 담당하는데, 상업은행 대차대조표의 금액도 증가한다는 것은 은행의 규모나 활동 범위가 확장되고 있음을 의미한다. 중앙은행과 달리 상업은행은 실물 시장에서 직접 활동하기 때문에 대차대조표의 변동이 크지 않다. 〈그림 28〉에서 보듯이 긴축 기간에도 상업은행의 대차대조표는 축소되지 않는다. 대신, 경기 침체나 불황이 시작되면 보합 상태에 머물다가, 일시적으로 증가했다가, 위기의 중심을 지나면 평균선으로 회귀한다.

2022~2023년, 미국 상업은행의 대차대조표는 이전과 움직임이 상당히 달랐다. 경기 침체나 불황이 시작되지도 않았는데, 대차

그림 28 **긴축 정책 시 미국 상업은행의 대차대조표(2000~2023년)**

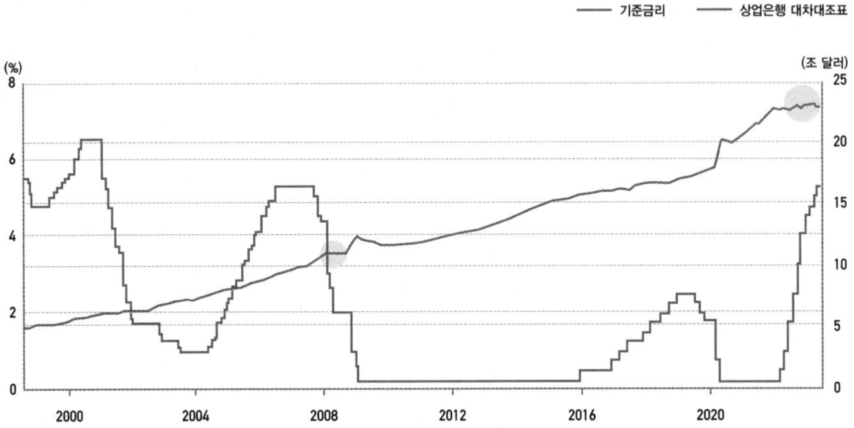

대조표 총액이 보합을 유지했다. 그 기간도 2008년 글로벌 금융위기 시절에 보합권에 머문 시기보다 몇 배나 길었다. 그만큼 은행의 규모나 활동 범위의 확장이 오랫동안 멈췄다는 의미다. 그런데도 2023년 투자 시장에서 돈은 여전히 넘쳐났다. 2024년에도 이런 추세는 계속될 가능성이 크다.

과도한 유동성은 왜곡과 착시를 쌍둥이처럼 함께 몰고 다닌다. 2022~2023년 연준이 단행한 긴축은 '역대급'이었다. 기준금리 상승세는 2004~2008년, 2016~2019년보다 강했다. 대차대조표 축소는 2018~2019년을 넘어설 기세였다. 개인과 기업은 고물가, 고금리에 시달렸다. 실리콘밸리은행Silicone Valley Bank, SVB 파산을 시작으로 지방 중소은행의 파산이 이어졌다.

이 정도면 2023년에 주식 시장 대폭락과 실물 경기 침체가 일어났어야 했다. 과거에도 그랬기 때문이다. 그런데 현실은 달랐다. 경제성장률은 선방했고, 고용도 탄탄했다. 소비 시장도 잘 버텼다. 그러자 미국 주식 가격도 재상승했다. 생성형 인공지능 출현의 최대 수혜주인 엔비디아 주가는 폭발했다. 필자는 2023년 미국 경제와 투자 시장 상황을 긍정적으로 평가하지 않는다. 전형적인 시장 왜곡과 착시가 난무한 해다. 2024년에도 이런 왜곡과 착시가 종종 일어날 가능성이 크다. 주의해야 한다.

13

주식 투자,
단기 지표에 흔들리지 마라

이런 시장에서는 단기 지표 몇 가지로 주가를 예측해서는 안 된다. 단기적 반등에 요동치면 안 된다. 이런 시기에는 거시적 시나리오를 가지고 대응해야 한다. 1부에서 설명한 내용을 잘 이해했다면, 2024년 주식 시장의 거시 시나리오는 크게 2개로 압축된다는 것을 짐작했을 것이다. 하나는 경기 침체나 불황이 발생할 경우의 시나리오, 다른 하나는 경기 침체나 불황이 발생하지 않을 경우의 시나리오다.

먼저 경기침체나 불황이 발생할 경우의 주식 시장 시나리오를 예측해보자. 〈그림 29〉를 보자. 기준금리와 다우지수, 기업이익과 다우지수의 움직임을 비교한 그래프다.

기준금리 인하를 시작하고 9개월이 지날 무렵에 경기 침체나 불황이 확정되면 한 번 더 주식 시장 대폭락이 발생한다. 그리고 〈그

그림 29 기준금리, 기업이익, 다우지수의 추이 비교(1990~2010년)

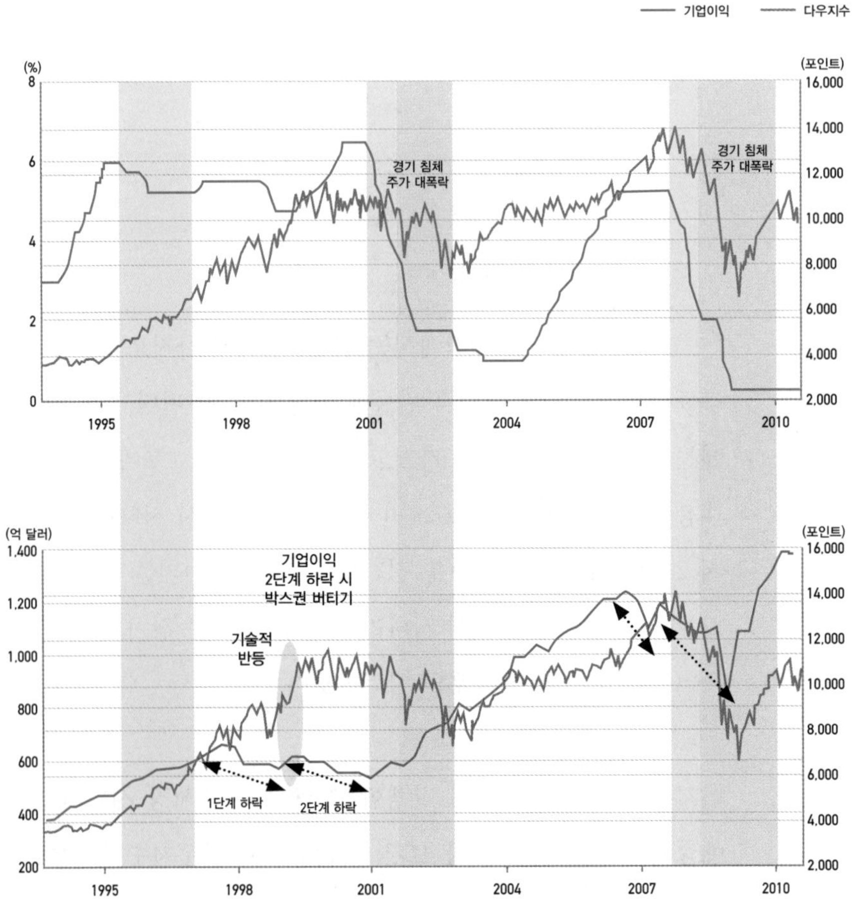

림 29〉에서 보듯이 심한 경기 침체를 막기 위한 기준금리 추가 하락이 발생한다. 주식 시장은 기준금리 인하가 거의 끝나갈 무렵에 '진짜 바닥'에 도달한다.

참고로 2002년의 경우 기준금리 인하를 시작할 때 기업이익이 반전했다. 그러자 주식 시장은 약간의 기술적 반등을 했다. 하지만 경기 침체에 진입하자 곧바로 대폭락을 시작했다. 2008년에서는 기준금리 인하를 시작해도 기업이익이 계속 하락했다. 그러자 주식 시장도 계속해서 하락했고, 경기 침체에 진입하자 추가 폭락을 이어갔다. 과거의 역사를 미루어볼 때 이 시나리오의 확률은 80~90%다.

두 번째 시나리오는 경기 침체나 불황이 발생하지 않을 경우다. 한마디로 1995년 모델이다. 〈그림 30〉은 당시 주식 시장 움직임을 확대한 그래프다. 기업이익 증가가 잠시 멈춘 시점을 제외하고 주식 시장은 지속적인 상승 추세를 기록했다. 소매판매가 지속적인 약세를 보였지만, 기업이익 상승이 계속되면서 GDP 성장률도 안정세를 보였고, 그 결과 경기 침체를 피했다.

이번에도 경기침체를 피할 수 있다면, 〈그림 30〉과 같은 주식 시장 움직임이 발생할 것이다. 하지만 과거의 역사를 근거로 분석

그림 30 **기업이익과 다우지수의 추이 비교(1992~2002년)**

할 때 이 시나리오의 확률은 10~20%다(확률이 낮다고 절대 일어나지 않는 미래는 아니다. 그러니 필자가 앞에서 설명했던 신호를 잘 추적해야 한다).

14

주식 거래 전
채권 시장을 살펴보라

□———— 경기 침체 혹은 불황이 발생하느냐 않느냐를 예측할 때, 채권 시장에서 나온 신호도 보조로 사용할 수 있다. 아래의 2개 신호가 '동시에' 일어나면 경기 침체 혹은 불황에 빠지게 되고, 그에 따라서 주식 시장의 대폭락 국면도 발생할 확률이 높아진다.

❶ 미국 국채 10년물과 1년물의 금리 차이가 역전된다. 이런 현상이 발생하는 이유는 무엇일까? 장기채(10년물)의 경우, 경기 침체 우려가 증가하면서 기준금리 인하가 예상되고 경제 위기 시에는 미국 정부에서 발행하는 채권이 가장 믿을 만한 채권이라는 인식이 늘어나면서, 미국 국채가 증가하고 그에 따라 금리가 낮아진다. 반면에 단기채(1년물)는 경제 위기 가능성이 부각되면서 긴급하게 돈을 빌리려는 사람들이 늘어나면서 금리가 상승한다.

>>>

그림 31 **미국 국채 수익률 추이(1975~2023년)**

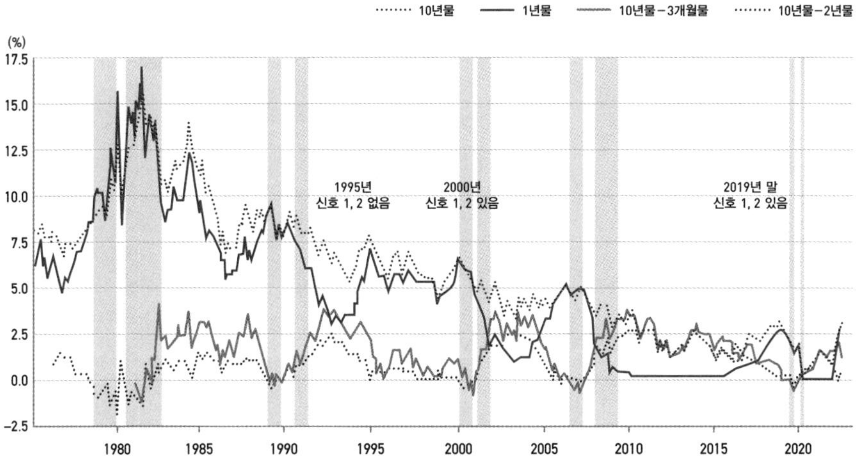

❷ 10년물 금리에서 3개월물 금리를 뺀 수치와 10년물 금리에서 2년물 금리를 뺀 값이 '동시에' 마이너스를 기록한다.

〈그림 31〉에서 보듯이 경기 침체가 발생하지 않은 1995년 모델 구간에서는 위 2가지 신호가 발생하지 않았다. 반면 경기 침체가 발생하고 실물 경제가 불황에 빠진 2002년 모델과 2008년 모델에서는 위 2가지 신호가 동시에 발생했다(〈그림 31〉에서 보라색으로 표시한 부분).

참고로 필자는 2019년 말 2020년에 경기 침체 혹은 불황에 빠질 가능성이 크다고 예측했다. 당시 채권 시장에서는 위 2가지 신호가 동시에 발행했다. 필자는 코로나19 팬데믹이 발생하지 않았더라도 2020~2021년에 미국 경제가 침체나 불황에 빠졌을 확률이 매우 높았으리라고 평가한다.

채권 시장에서 나오는 보조 신호를 하나 더 소개한다. 〈그림 32〉를 보자. 미국 10년물 장기채와 2년물 단기채의 수익률 차이 움직임이다. 필자의 분석에 따르면, 10년물과 2년물 미국 국채 간의 수익률 차이가 '마이너스'로 전환한 이후 '1~2년이 지나서' 둘의 격차가 '플러스 0.5~1%'에 근접하면 경기가 침체하기 시작했다. 이 신호를 단계별로 나눠서 정리하면 다음과 같다.

❶ 10년물 국채(장기채)와 2년물 국채(단기채)의 수익률이 마이너스로 전환된다. 이것을 '장단기 수익률 역전 현상'이라고도 부른다.

❷ 10년물과 2년물 간 수익률 차이가 최저점에 도달한다. 장단기 수익률 역전 현상이 최대치에 이르는 셈이다. 참고로 이때 도달하는 최저점이 낮을수록, 경기 침체 전 플러스 반등 고점도 낮아진다.

그림 32 **미국 장단기 국채 수익률 차이의 추이(1975~2023년)**

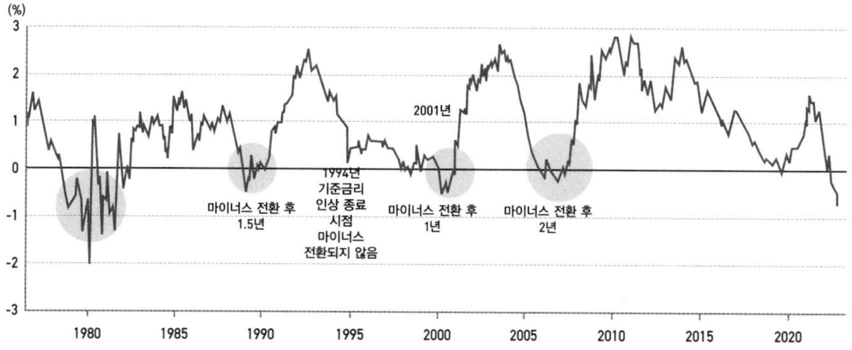

장단기 수익률 역전 현상, 저점 통과 후 일정 기간 반등, 경기 침체 발발 순으로 패턴을 찾을 수 있다.

❸ 연준의 기준금리 인상이 멈추면 장단기 수익률 차이가 반등을 시작한다.

❹ 장단기 수익률 차이가 최저점을 벗어나 1~2년 동안 반등을 계속한다.

❺ 연준이 기준금리 인하를 시작하면서 장단기 수익률 격차는 플러스를 향해서 달려간다.

❻ 장단기 수익률 격차가 플러스 구간에 진입한 후 0.5~1% 선에 근접하면 경기 침체나 불황이 시작된다.

>>>

15

미국 국채,
대세 하락은 불가피하다

채권 시장에도 거시적이고 장기적 패턴이 있다. 채권 시장의 가장 중요한 힘은 기준금리다.

〈그림 33〉을 보자. 기준금리가 인상되면 채권금리도 상승한다. 기준금리가 인하되면 채권금리도 하락한다. 이 패턴이 크게 움직이는 흐름 안에서, 양적 완화 효과가 나타나면 채권금리가 기술적 반등을 하고, 양적 완화 효과가 끝나가면 채권금리도 기술적 하락을 한다. 미국 경제는 흔들리지 않지만, 2011~2012년 유럽에서 금융 위기가 지엽적으로 발생하면 미국 국채가 늘면서 채권금리는 하락한다. 채권 시장의 장기 추세는 우하향한다. 기준금리의 장기 추세가 우하향하기 때문이다.

〈그림 34〉는 미국 국채금리를 기준금리, GDP 성장률과 비교한 것이다. 국채금리 상승 움직임이 기준금리 움직임에 민감한 것

그림 33 **기준금리에 따른 채권금리 추이(1999~2023년)**

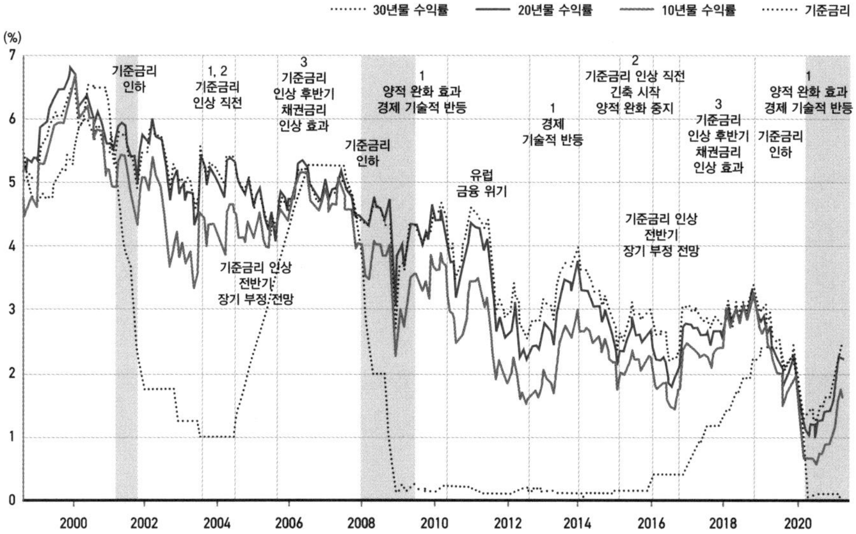

도 장기 패턴이다(그림 상단). 반면 국채금리 하락 움직임은 GDP 성장률 움직임에 민감한 것이 장기 패턴이다(그림 하단).

채권 시장의 장기 패턴과 더불어 채권금리가 상승하거나 하락하는 원리도 기억할 필요가 있다. 먼저 국채금리가 상승하는 3가지 이유는 다음과 같다.

그림 34 기준금리와 GDP 성장률이 국채금리에 미치는 영향(1975~2022년)

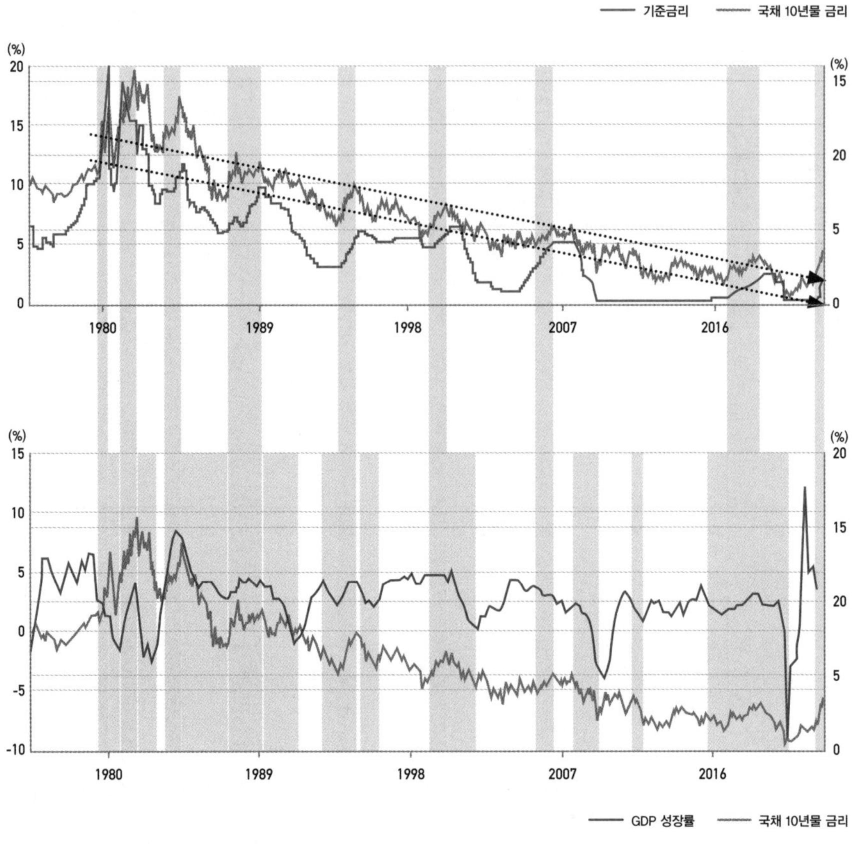

❶ 국채 수요가 감소한다. 위험 자산 선호도가 증가하면, 국채 수요가 감소하고(국채 가격 하락) 국채금리는 상승한다.

❷ 국채 공급이 늘어난다. 미국 국채 공급이 늘어나면, 국채의 가격이 하락하고 금리는 상승한다.

❸ 기준금리가 상승한다. 기준금리가 올라가면, 신규 발행되는 채권금리가 당연히 상승한다.

반대로 국채금리가 하락하는 3가지 이유는 다음과 같다.

❶ 국채 수요가 증가한다. 미국 경제나 세계 경제가 위험해지면, 안전 자산인 미국 국채에 대한 수요가 증가하여 국채의 가격은 상승하고 금리는 하락한다. 참고로 미국은 오랫동안 경제 호황기, 경제 위기 시에 모두 국채 공급량을 늘렸다. 그만큼 국채 가격은 장기적으로 하락하고 국채금리는 상승해야 했다. 하지만 실제로는 선진국(유럽, 일본 등) 중에서 미국 경제가 가장 탄탄하고, 위기 때마다 안전 자산인 국채 수요가 더 증가하여 장기적으로 국채금리가 하락하는 기현상이 발생하고 있다.

❷ 국채 공급이 감소한다. 미국 국채 공급이 감소하면, 국채의 가

그림 35 **기업이익과 10년물 국채금리 비교(1992~2002년)**

그림 36 **기업이익과 10년물 국채금리 비교(2004~2016년)**

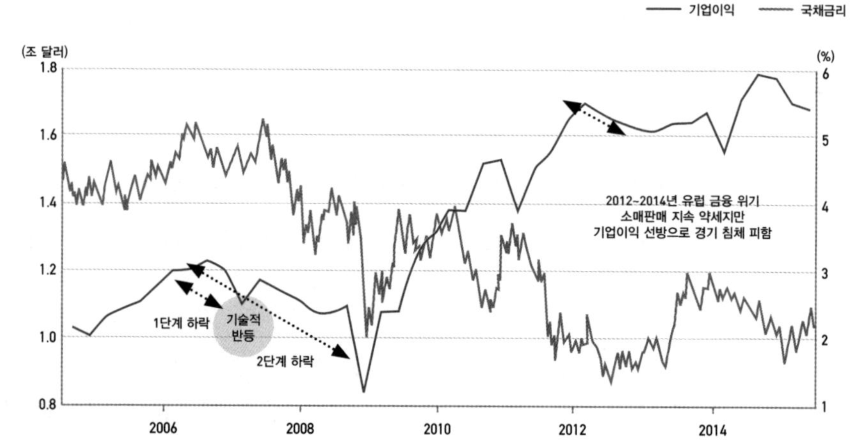

격이 상승하고 금리는 하락한다.

❸ 기준금리가 하락한다. 기준금리가 하락하면, 신규 발행되는 채권금리도 당연히 하락한다.

〈그림 35〉, 〈그림 36〉은 채권 시장의 중기 패턴이다. 기업이익이 하락하면서 경기 침체에 진입하는 2002년과 2008년 모델에서는 큰 움직임은 '동일한 패턴(대세 하락)'을 보였다. 하지만 기업이익이 2단계 하락을 하는 것과 비교하면 하락 폭의 움직임은 달랐다.

2002년 모델에서는 기업이익이 1단계 하락을 할 때 동시에 채권금리도 하락했다. 이때 1단계 하락 폭은 매우 컸다. 그리고 기업이익이 기술적 반등을 할 때 채권금리도 기술적 반등을 했고, 기업이익 하락 2단계 중반부터 채권금리도 다시 떨어져 1단계 최저점을 다시 한번 찍었다.

반면에 2008년 모델에서는 기업이익이 1단계 하락하고 기술적 반등을 할 때까지는 2002년 모델과 비슷했다. 하지만 기업이익 1단계 하락기에는 채권금리 하락 폭이 상대적으로 적었다. 하지만 기업이익의 2단계 하락하는 구간에서는 초반부터 계속 하락하여 큰 폭의 하락을 기록했다.

〈그림 37〉은 채권금리의 움직임을 다우지수 움직임과 비교한 그래프다. 1995년 모델에서는 경기 침체가 발생하지 않았기 때문에 주식 시장은 대세 상승을 했고, 반면 기준금리는 인하했기 때문에 채권금리는 대세 하락을 했다. 이것은 기준금리 인하를 단행하면, 채권금리도 동반 하락하는 패턴이 반영된 움직임이다.

2002년 모델과 2008년 모델에서는 주식 시장이 기업이익이 2단계 하락을 시작하거나 2단계 하락이 마무리되는 때부터 폭락하기 시작한 데 비해서, 채권금리는 기업이익 1단계 하락 구간부터 하향 움직임을 보였다.

2024년 미국 국채 시장 움직임의 시나리오도 2가지다.

❶ 경기 침체나 불황이 발생할 경우, 2002년 모델이나 2008년 모델 구간의 채권 시장 흐름과 비슷하게 '대세 하락' 움직임이 일어날 것이다.

❷ 경기 침체나 불황이 발생하지 않을 경우, 1995년 모델처럼 채권금리는 일정 기간 '대세 하락'을 한다. 기준금리 인하에 영향을 받기 때문이다.

>>>

그림 37 **기업이익과 다우지수, 10년물 국채금리 비교(1992~2002년)**

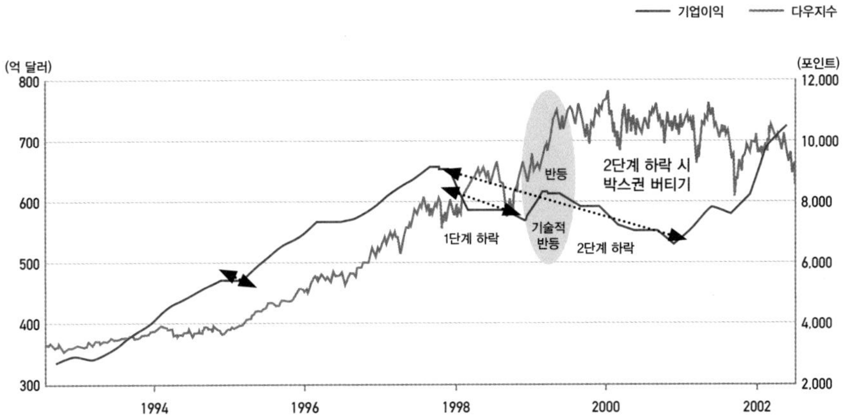

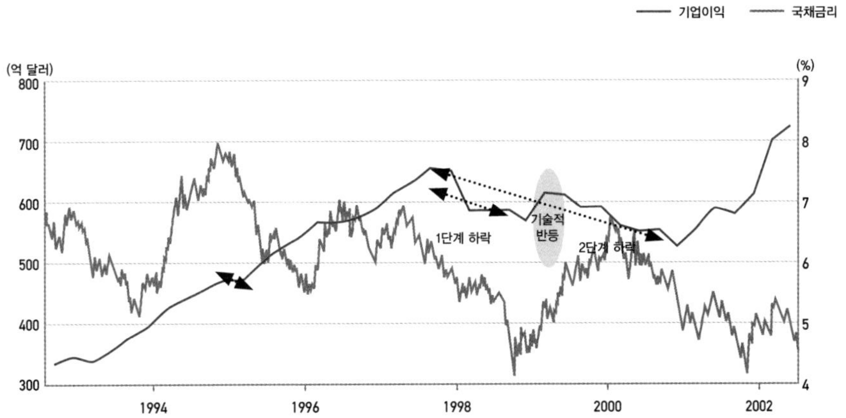

그림 38 기업이익과 다우지수, 10년물 국채금리 비교(2004~2016년)

16

경기 예측의 보조 신호, 비우량 회사채 흐름

□——— 글로벌 신용평가사가 미국 채권 시장에서 거래되는 회사채 등급을 구분한 표를 보자. 경기 침체나 불황이 발생하면, 〈그림 39〉의 회색으로 표시한 등급의 회사채는 '원리금 상환 불확실' 회사채로 재분류되면서 금리가 높게 치솟는다. 그 아래 등급들은 회사채 부도 상태에 빠질 가능성이 매우 커진다. 그래서 경기 침체나 불황에 빠질 가능성이 어느 정도인지를 예측할 때 이들 그룹의 금리 변화를 살펴보는 것도 도움이 된다.

〈그림 40〉과 〈그림 41〉은 평소에도 투자 부적격 등급인 CCC 회사채와 회색으로 표시한 등급 중 가장 상위에 있는 BBB 회사채의 금리 움직임이다. 두 회사채의 금리는 경기 침체 진입 직전에 최고치로 한 번 치솟는다. 그리고 잠시 기술적 하락을 기록한다. 이때 속지 말아야 한다. 두 회사채 금리는 경기 침체에 본격 진입하면 대략 18개월 내외로 최고치를 유지하다가, 시장에서 정

>>>

그림 39 **글로벌 신용평가사 신용등급표**

구분	무디스	S&P	안정성	위험성
투자 적격 등급	Aaa	AAA+	최상위급	최고 신용 상태
	Aa1	AA+	상위급	경제 상황 따라 소폭 변동 가능
	Aa2	AAA		
	Aa3	AAA-		
	A1	A+	보통	경기 침체 시 다소 증가
	A2	A		
	A3	A-		
	Baa1	BBB+	평균 이하	경제 상황 따라 급변동
	Baa2	BBB		
	Baa3	BBB-		
투자 주의 등급 또는 투자 부적격 등급	Ba1	BB+	관련 산업 동향 및 회사 운영 상태 따라 변동 가능	원리금 상환 가능
	Ba2	BB		
	Ba3	BB-		
	B1	B+	관련 산업 동향 및 회사 운영 상태 따라 급변동	원리금 상환 불확실
	B2	B		
	B3	B-		
	Caa1	CCC+	하위급	원리금 상환 불가능
	Caa2	CCC		
	Caa3	CCC-		
	Ca	CC		
	C	C		
	-	D	최하위급	부도 상태

그림 40 CCC 등급 이하 열등 채권의 수익률 추이(1996~2022년)

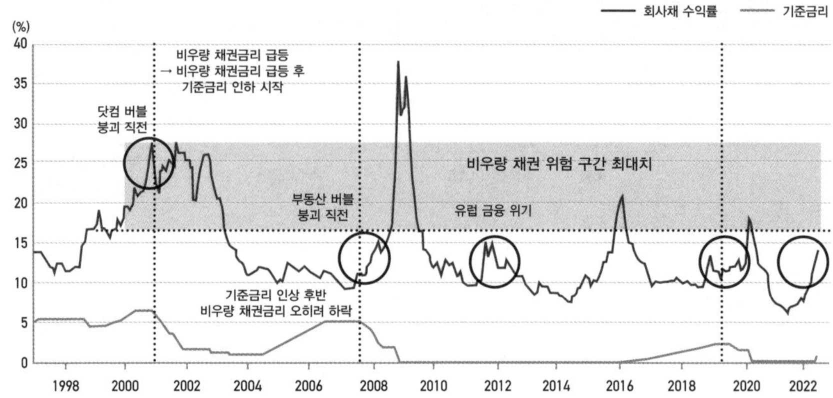

보라색으로 표시한 부분은 필자가 나름대로 정한 비우량 채권의 위험 구간 최대치다. 이 박스 안으로 금리가 진입하면 '위험 신호'로 봐도 무방하다. 2023년 후반 CCC 회사채의 금리는 필자가 표시한 위험 구간 영역에 거의 근접했다.

그림 41 BBB 등급 채권 옵션 조정 스프레드 추이(1996~2022년)

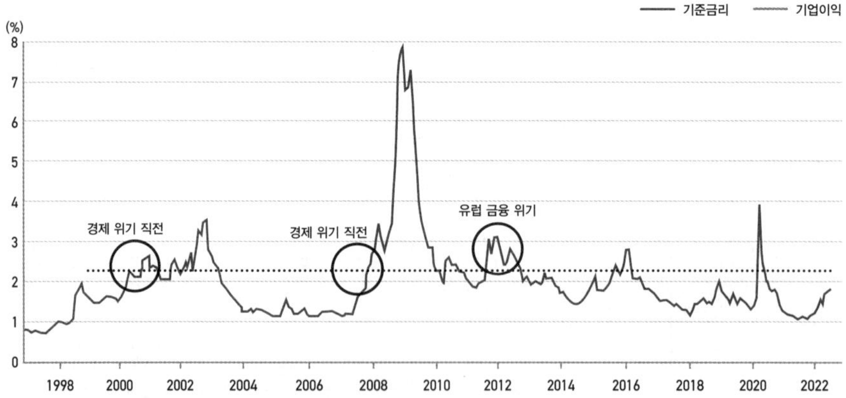

회사채나 모기지 증권은 국채보다 높은 이율로 거래되는데, 이율 차이가 높아질수록 위험도가 커진다. '옵션 조정 스프레드'는 이러한 이율 차이를 반영해 보정한 지표다.

크 본드(투자 부적격 및 부도 상태 채권)의 파산 처리가 완료된 후에 정상 금리로 되돌아온다.

또 하나의 특징이 있다. 회사채 시장에서 이들 채권의 금리 상승 폭과 파산 가능성은 부동산 버블 붕괴 때가 주식 시장 버블 붕괴 때보다 더 컸다. 아무래도 주식 시장의 대폭락보다 부동산 버블 붕괴가 실물 시장에 주는 충격이 더 크고 광범위하고 길기 때문일 것이다.

참고로 〈그림 42〉는 우량(AA 등급) 회사채 금리의 움직임이다. 2002년 닷컴 버블 붕괴 기간 우량 회사채는 기준금리 인상기에만 약간 상승하고 경기 침체에 진입하자 오히려 빠르게 안정되었다. 비우량 채권과 정크 채권들에서 탈출한 투자금이 1순위로 미국 국채로 흘러들고, 그다음으로 우량 회사채로 유입된 결과다.

하지만 부동산 버블 붕괴가 일어났을 때는 그 여파가 주식 시장 붕괴보다는 강력하고 장기적이었기에 우량 회사채의 금리도 상당히 올랐다. 부동산 시장이 무너지는 상황에서는 우량 채권과 비우량 채권을 구별하기가 상대적으로 어렵다. 우량 채권도 일시적으로 기피하는 현상이 발생하기 때문이다.

그림 42 **AA 등급 채권 옵션 스프레드 추이(1996~2022년)**

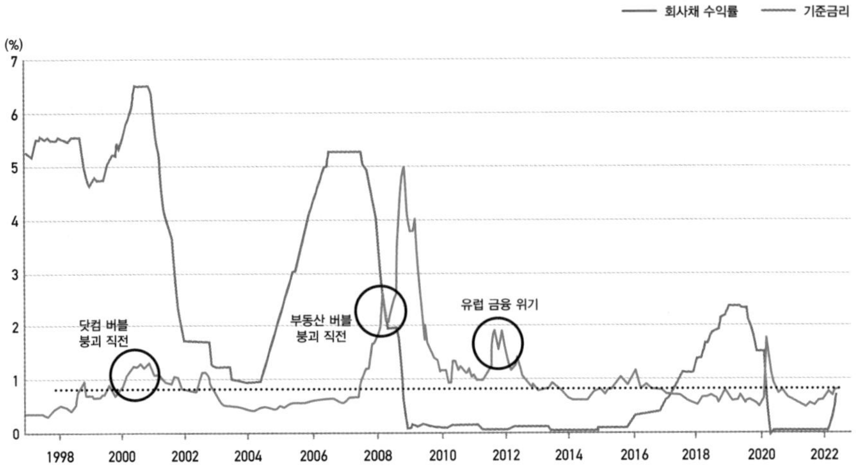

실제로 2002년 모델에서 미국 10년물 국채금리는 2%p가량 하락했지만, 2008년에는 3%p 이상 하락했다. 부동산 버블 붕괴 기간에 우량 회사채도 믿을 수 없으므로 그 수요가 미국 국채로 모두 몰렸기 때문이다.

17

2024 달러 가치 시나리오

지난 120년간 달러의 구매력은 〈그림 43〉과 〈그림 44〉처럼 변해왔다. 그렇다면 앞으로 달러의 가치는 어떻게 변할까?

〈그림 45〉는 1980년부터 최근까지 기준금리와 달러 가치의 추세를 비교한 그래프다. 둘은 서로 '순방향' 관계이고, 달러 가치가 기준금리에 후행하는 장기 패턴을 보인다.

중장기 패턴은 어떨까? 〈그림 46〉은 기준금리와 달러 가치 움직임을 비교한 그래프다. 여기서도 몇 가지 중요한 패턴이 보인다. 2024년 미국 경제가 침체에 빠지게 되면, 아래 패턴도 반복될 확률이 높다.

❶ 기준금리가 올라가면, 달러 가치도 상승한다.

그림 43 100달러의 가치 장기 추이(1900~2020년)

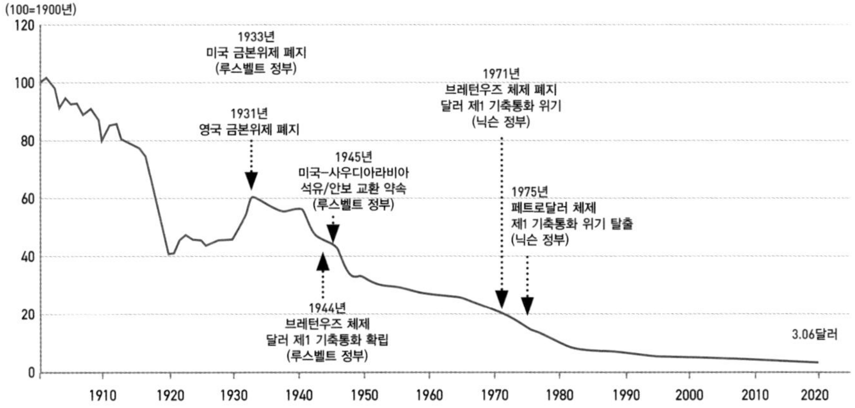

그림 44 1달러의 가치 장기 추이(1900~2020년)

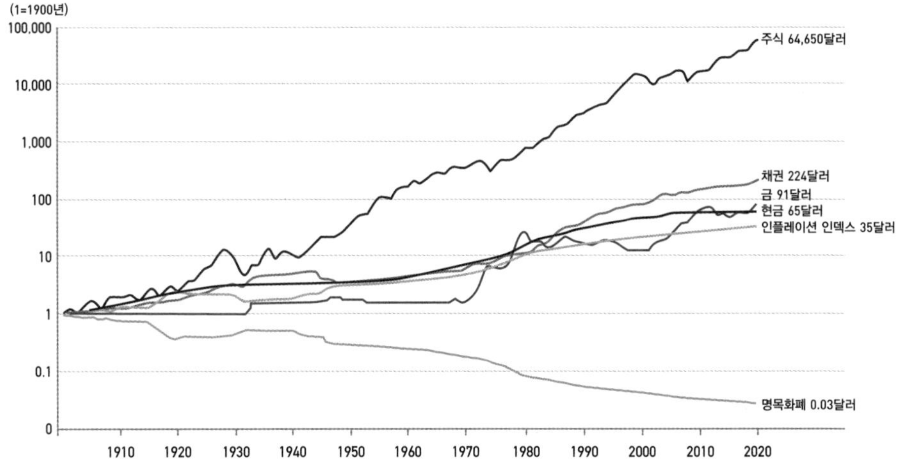

그림 45 **기준금리와 달러 가치의 추이 비교(1970~2023년)**

❷ 경기 침체가 발생하면, 달러 가치는 '일시적'으로 재상승한다.

❸ 경기 침체에 대한 심리적 두려움이 해소되면, (경기 침체가 끝나지 않더라도) 달러 가치는 하락하기 시작한다. 더 심한 불황을 막기 위해, 정부의 구제 금융이나 연준의 양적 완화 효과가 나타나는 시점과 맞물린다.

〈그림 46〉 상단을 보면, 1995년 모델에서 독특한 움직임을 발견

그림 46 기준금리와 달러 가치의 추이 비교(1994~2023년)

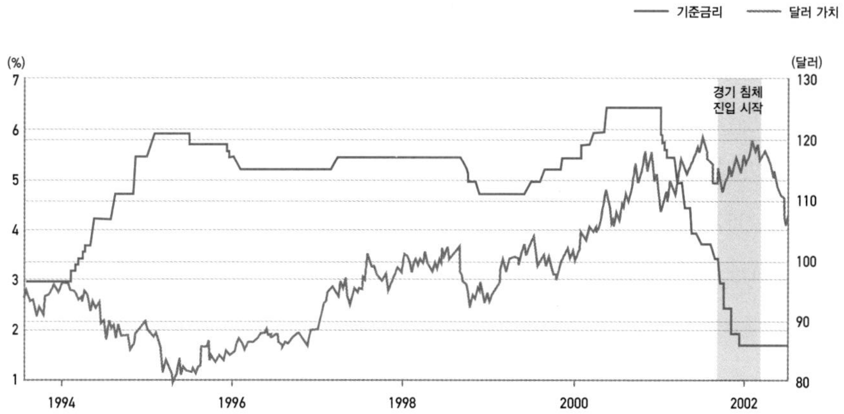

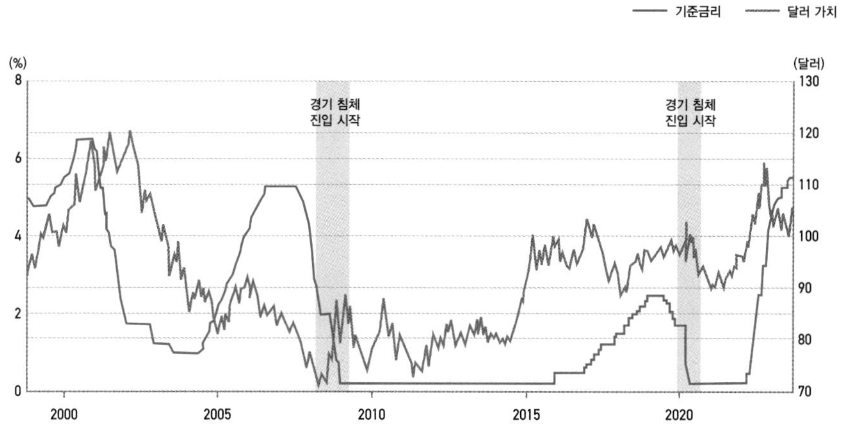

할 수 있다. 1995년 모델(경기 침체 발생하지 않음)에서는 '기준금리가 올라가면, 달러 가치도 상승한다'라는 일반적 패턴과 반대의 움직임이 보였다. 연준이 기준금리를 인상해도 달러 가치는 하락하는 특이한 양상이다. 같은 기간에 주식 시장도 안정적인 움직임을 보였던 것과 일맥상통하다. 이런 움직임이 있었기 때문에 1995년 모델에서는 경기 침체 혹은 불황이 발생하지 않았다. 참고로, 이번 기준금리 인상기에는 달러 가치가 매우 크게 상승세를 보였다. 1995년 모델보다는 2002년과 2008년 모델과 비슷했다(〈그림 46〉 하단).

달러 가치와 원화 가치의 패턴도 살펴보자. 〈그림 47〉은 미국의 기준금리와 한국 원화 가치 추세를 비교한 것이다. 미국 기준금리 인상기에는 원화 가치가 상승하거나 하락하는 패턴이 일정치 않다. 하지만 미국 기준금리 인하가 시작할 무렵부터 원화 가치는 하락하는 패턴을 보인다.

〈그림 48〉은 지난 25년간 달러 가치와 원화 가치의 관계를 비교한 것이다. 둘은 서로 '역방향'으로 움직인다. 경제 위기가 발생할 경우, 그 격차가 더욱 커지는 사례가 많았다. 흥미로운 사실은 1995년 모델에서 미국 경제가 침체에 빠지지 않은 경우에도 기준금리 하락기에는 원화 가치가 하락했다. 아마도 이것은 한국

그림 47 기준금리에 따른 달러-원 환율 추이(1988~2023년)

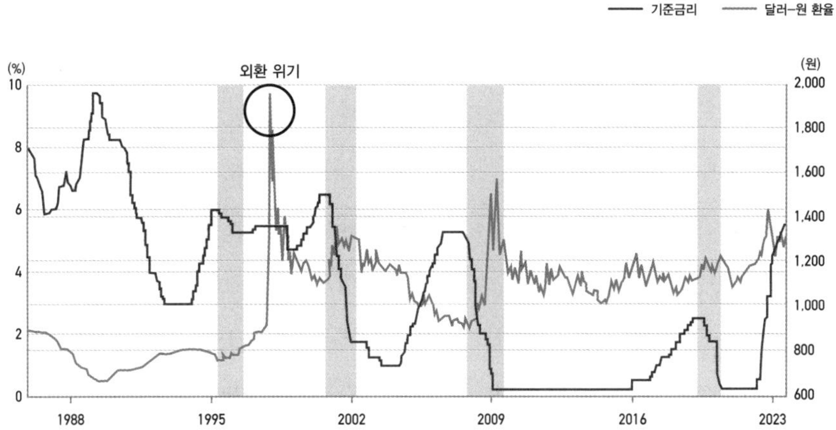

그림 48 달러 가치와 원화 가치 비교(1998~2023년)

경제가 외환 위기에 빠지기 직전이었다는 특수한 상황이 반영된 듯하다.

2024년 미국 경제가 경기 침체나 불황에 빠지지 않는다면 원화 가치는 강세로 추세가 전환할 것이다. 하지만 경기 침체에 빠진다면 원화 가치는 기준금리 인하기 무렵부터 약세 움직임을 보일 가능성이 매우 크다. 최근 원화 가치는 상당한 약세를 보이고 있다. 이는 한국의 기준금리가 미국의 기준금리보다 1~2%p 낮은 상황이 반영된 듯해 보인다. 그러므로 2024년에 미국 경제가 침체기에 진입하면 추가 약세도 대비해야 할 것이다.

>>>

18

암호화폐 가격,
환율이 아닌 주가와 함께 간다

암호화폐의 전망은 어떨까? 〈그림 49〉부터 〈그림 51〉을 보자. 비트코인의 5년 가격 변동은 최대 226배였다. 이더리움은 490배였다. 일론 머스크의 말 한마디에 가격이 등락하는 도지코인은 5년간 가격 변동이 3,464배였다. 그래서 필자는 비트코인 등 전 세계 시장에서 상당 기간 생존하면서 인정을 받은 암호화폐를 '사기'는 아니지만, '역사상 변동성이 가장 큰 투자 상품'이라고 규정한다. 변동성이 크다는 것의 의미는 2가지다.

❶ 상승과 하락 폭이 크다. 〈그림 52〉를 보자. 비트코인이 2012년 이후 10년 동안 대폭락한 횟수와 하락 폭이다. 30% 이상 폭락한 사례는 총 15회다. 주식 시장에서 다우지수 기준으로 30% 이상 대폭락하는 사례는 10년에 한두 번 일어난다.

❷ 상승과 하락을 반복하는 기간이 짧다. 〈그림 53〉을 보자. 비

그림 49 **최근 5년간 비트코인의 가격 추이**

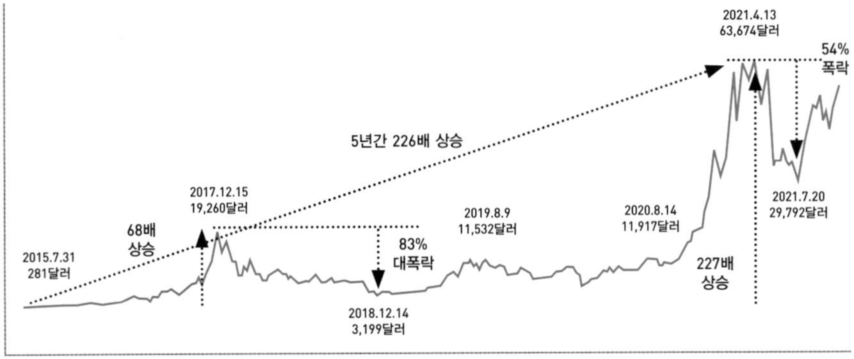

그림 50 **최근 5년간 이더리움의 가격 추이**

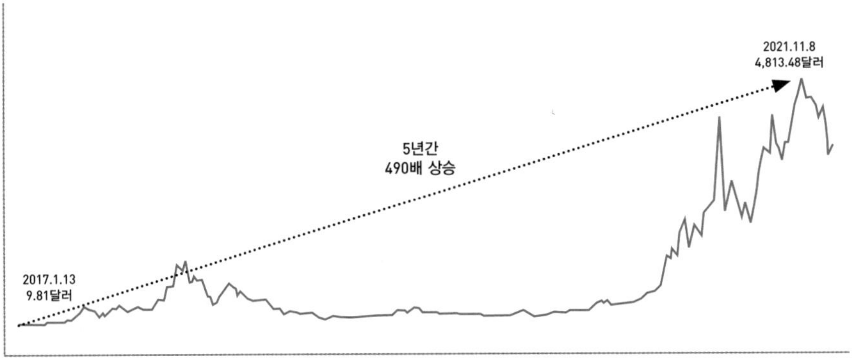

그림 51 **최근 5년간 도지코인의 가격 추이**

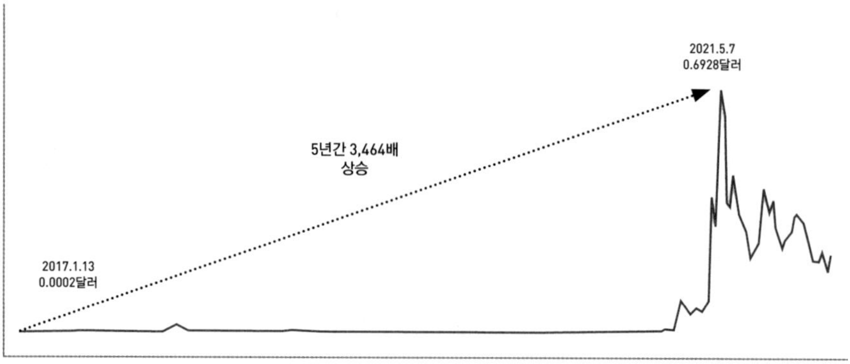

그림 52 **비트코인이 기록한 주요 하락 폭(2012~2021년)**

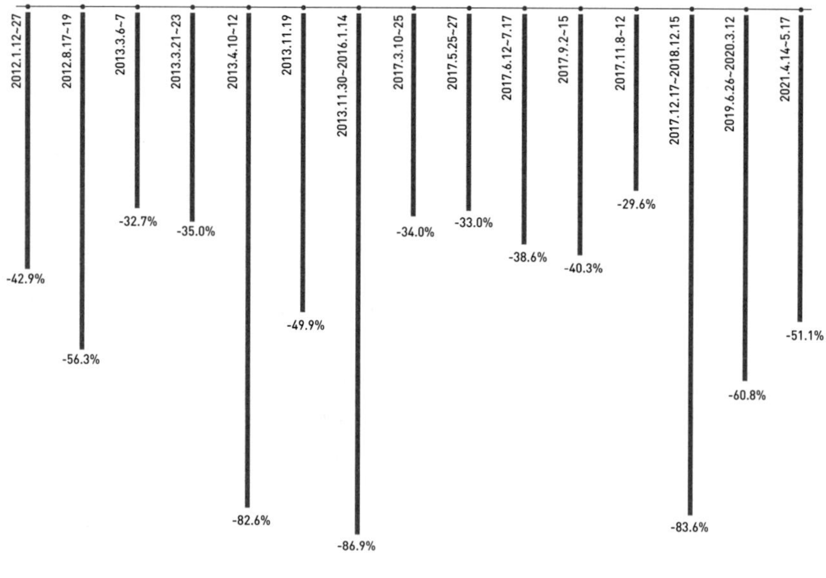

트코인의 5년 가격 움직임을 금의 50년 가격 움직임과 비교한 것이다. 놀랍게도 움직임이 유사하다. 즉, 비트코인은 금이 50년 동안 만든 움직임을 단 5년 만에 만들었다.

비트코인 등 암호화폐가 가격 변동성이 매우 큰 이유는 분명하다. 실물 가치는 없고, 미래 가치만 있기 때문이다. 테슬라는 실물 가치는 적지만 미래 가치가 매우 큰 대표적인 주식이다. 테슬라 주식의 변동성은 일반 주식들의 변동성보다 몇 배 크다. 당연히 실물 가치가 전혀 없고 미래 가치만 큰 암호화폐의 변동성이 테슬라의 주가 변동성을 몇 배 능가할 수밖에 없다.

참고로 인간이 교환·거래·투자하는 모든 상품은 '가치'를 갖는다. 가치의 종류는 크게 2가지다. 실물 가치와 미래 가치다. 실물 가치는 현재 그 상품이 갖는 근본fundamental 가치다. 그래서 현재 가치라고도 부른다. 한마디로 청산했을 때 남는 가치다. 암호화폐를 청산하면 최종 지급 수단인 현찰과 한 푼도 교환되지 않는다. 공장 기계 같은 현물 자산, 회사의 부동산, 현찰, 영업권, 로열티, 특허와 같은 무형자산 등이 하나도 없기 때문이다.

미래 가치는 상품 가치가 미래에 현재 가격보다 일정 수준 추가 상승할 것이라는 '기대치'다. 그 가치는 발행하는 회사가 투자자

그림 53 비트코인(5년간, 상단)과 금(50년간, 하단) 가격 변동 비교

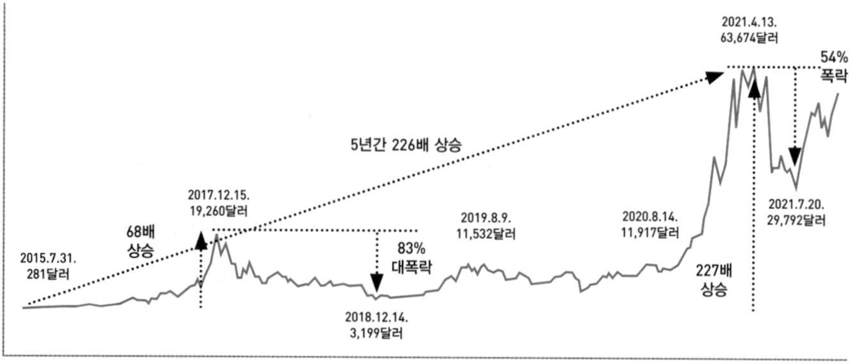

>>>

를 향해서 던지는 '비전'과 그 '비전을 믿는 사람들의 네트워크'가 결정한다. 네트워크 동참자가 많을수록 미래 기대감이 커지고, 미래 기대감이 커질수록 가격이 상승한다. 하지만 이런 기대감은 모두 심리의 영역이다. 심리에 의존하는 가치는 변동이 클 수밖에 없다.

필자가 2024년 암호화폐 시장의 미래를 예측하면서 이것을 먼저 거론한 이유가 있다. 암호화폐는 이름에 '화폐'라는 단어를 포함하지만, 달러나 원화처럼 화폐 시장 움직임을 따라가지 않는다. 투자 상품이기에 투자 시장의 움직임을 따라간다. 특히 주식 시장의 움직임을 따라간다.

〈그림 54〉를 보자. 암호화폐 중에서 가장 안정적이라고 평가받는 비트코인의 5년간 가격 움직임은 기술주 중에서 가장 '뜨거운(변동성이 큰)' FANG(페이스북, 아마존, 넷플릭스, 구글)의 주가 움직임과 비슷했다.

주식 시장과 차이점은 암호화폐가 역사상 가장 변동성이 큰 투자 상품이기에 2024년 투자 상품 중에서 가장 큰 변동성을 보일 것이라는 것이다. 예를 들어, 경기 침체가 발생하여 주식 시장 대폭락이 일어나면, 암호화폐 시장은 주식 시장보다 더 큰 하락 폭

그림 54 **비트코인(5년간, 상단)과 FANG 주가(4년간, 하단)의 변동 비교**

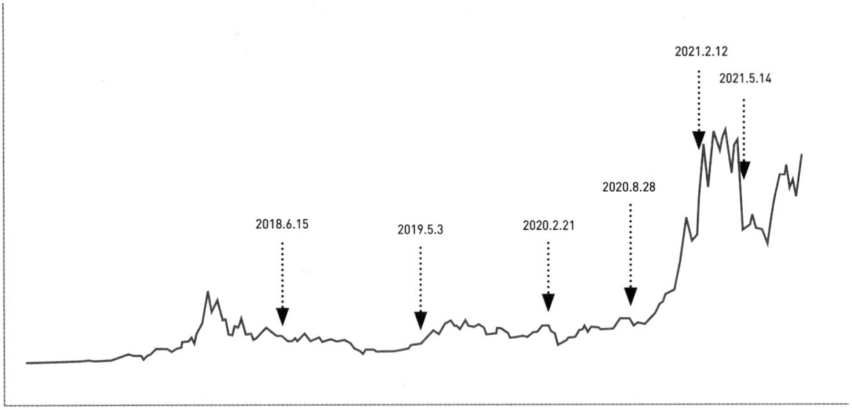

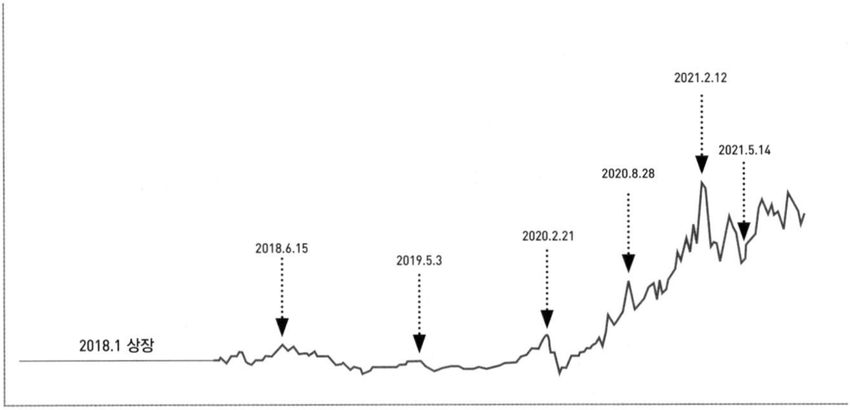

>>>

을 보일 것이다. 일부 암호화폐는 채권 시장의 정크 본드처럼 파산도 할 것이다. 2024년 암호화폐 시장 전망은 그 이상도 그 이하도 아니다.

PART 3

중국·한국 부동산 투자 전망

19

중국 경제의 현재 상황

□———— 2024년 중국 경제를 예측하려면, 먼저 현재 상황을 분석해야 한다. 지면의 한계상 중국 경제 전반을 속속들이 분석할 수 없는 점을 양해 부탁한다. 하지만 중국 경제의 현재 상황을 이해하는 데 그다지 많은 자료가 필요하지 않다. 중요한 몇 가지 지표들을 들여다보고 분석하는 것만으로 대략적인 현재 상황은 쉽게 추정할 수 있다. 지금부터 몇 가지 지표를 가지고 중국 경제의 현재 상황을 간략하게 분석해보자.

〈그림 55〉를 먼저 살펴보자. 중국과 미국의 중앙은행 대차대조표와 정부 부채 현황이다. 〈그림 55〉 상단의 그래프처럼 미국 연준은 2015~2019년 긴축 기간에 대차대조표 축소를 단행했다. 코로나19로 인해 대차대조표가 급증했지만, 최근 다시 감소시키는 노력 중이다. 중국의 중앙은행인 인민은행人民銀行은 어떨까? 2015년에는 미국 연준의 움직임에 보조를 맞춰서 대차대조표

그림 55 **중국과 미국의 중앙은행 대차대조표, 정부 부채 추이 비교 (2000~2023년)**

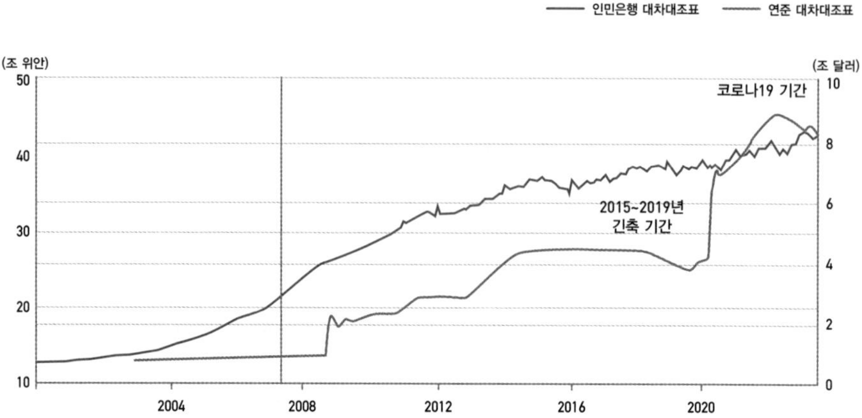

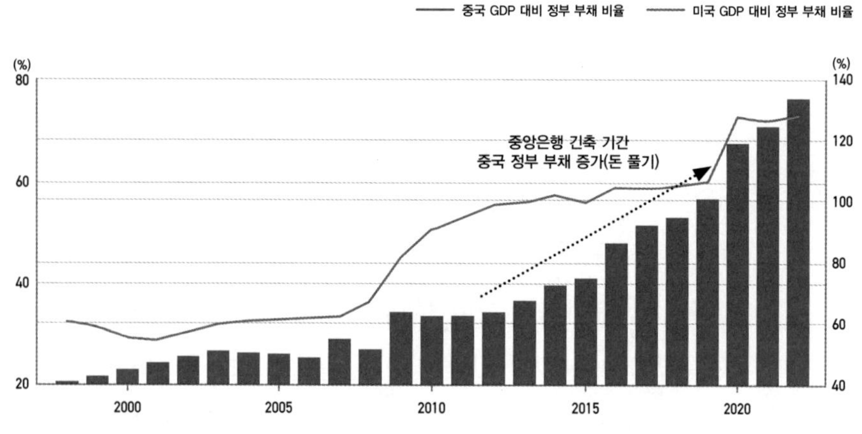

>>>

축소를 시도했다. 하지만 2016년부터 미중 무역 갈등이 시작되자 대차대조표 축소 정책을 포기했다. 코로나19 기간에는 미국처럼 대차대조표상의 급증은 없었으나 꾸준히 증가했고, 최근에도 줄이지 않고 있다. 대차대조표가 늘어난다는 것은 시중에 유동성 확대를 지속한다는 의미다.

〈그림 55〉 하단을 살펴보자. 정부의 부채 현황이다. 미국과 중국 정부는 모두 부채가 계속 증가 중이다. 하지만 분명한 차이점이 있다. 2015~2019년 긴축 기간에 미국은 정부 부채 증가가 소강 상태에 머물렀다. 반면 중국 정부의 부채는 급증했다. 즉, 중국은 2015~2019년 긴축 기간과 코로나19 기간에 중앙정부가 직접 투자액을 늘려서 시중 경제를 부양하는 방식을 '우선'했다.

중국이 위와 같은 방식을 취한 이유가 무엇일까? 필자의 분석을 몇 가지 정리해본다.

❶ 중앙은행이 직접 신용통화를 증가시키는 것에 대한 '부담'이 상당했다는 의미다. 부동산 등 투자 시장의 추가 버블을 의식했을 가능성이 크다.

❷ 그럼에도 불구하고, 중앙은행의 대차대조표를 급격하게 축

소하는 것도 '부담'이 상당했다는 뜻이다. 중앙은행 긴축을 통해 신용 시장을 강하게 억누를 경우, 이미 쌓여 있는 버블에 큰 붕괴가 일어날 것을 의식한 듯하다.

❸ 중앙정부가 적자 재정(정부 부채)을 '급격하게' 늘려서 시장에 돈을 투여했다는 것은 직접적인 대규모 '일자리' 창출에 대한 압력이 강했다는 의미다.

❹ 어떤 방식을 사용했든 중국은 2014~2015년 이후부터 돈 풀기를 계속했다는 의미다.

그렇다고 중국의 중앙은행이 정부 움직임과 반대로 간 것도 아니다. 〈그림 56〉을 보자. 중국의 기준금리와 지급준비금 변화 추세다. 특별히 2015년에 주목해야 한다.

2015~2019년은 미국과 전 세계가 긴축을 시행하는 기간이었다. 하지만 중국 중앙은행은 2015년부터 기준금리를 계속 내렸다. 심지어 2022~2023년 미국과 전 세계가 강하고 급한 기준금리 인상을 시행할 때도 중국 중앙은행은 기준금리를 내리고 내렸다. 중국 중앙은행은 미국처럼 대차대조표가 심하게 움직일 정도로 시중 유동성 공급에 직접 관여하지는 않았다. 하지만 긴축

그림 56 **중국의 기준금리(상단), 중앙은행 지급준비금(하단) 변화 추이**

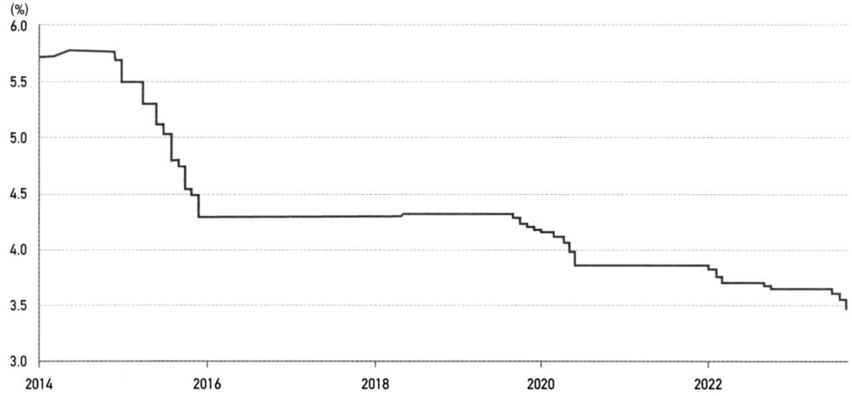

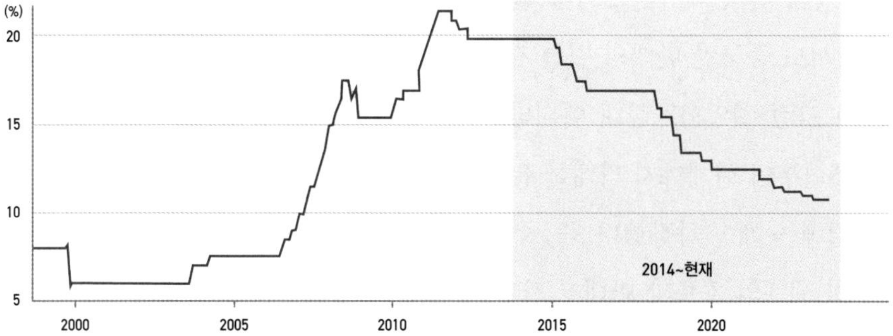

이 필요한 시점에 대차대조표 축소를 포기하고, 기준금리를 계속 내려서 시중에 유동성 공급을 지속했다.

같은 기간, 중국 중앙은행은 지급준비금 비율도 꾸준히 내렸다. 이런 추세는 최근에도 계속되고 있다. 즉, 대차대조표만 보아서는 중국 중앙은행이 신용창조를 통한 시중 유동성 공급에 조심스러운 것처럼 보인다. 하지만 실상은 그렇지 않다. 중앙은행은 대차대조표 축소를 제외하고 거의 모든 방법을 동원해서 시중에 유동성을 공급하고 있었다.

2015년부터 현재까지 2회에 걸친 전 세계적 긴축 동조 움직임 속에서도 중국만 반대의 길을 갔다. 중국 경제가 그만큼 자신 있어서 그런 것일까? 절대 아니다. 중국 중앙은행과 중국 정부가 2015년부터 현재까지 막대한 유동성을 시중에 공급해왔지만, 중국 경제는 계속 하강했다. 즉, 중국 경제가 탄탄하거나 자신 있어서 전 세계의 흐름과 반대로 간 것이 아니라, 그 반대다. 전 세계의 긴축 흐름이나 외국인의 대중국 투자금의 이탈을 고려할 겨를 없을 정도로 경제 상황이 좋지 않다고 해석하는 것이 논리적이다.

〈그림 57〉을 보자. 상단의 그림은 중국의 경제성장률과 정부 재

정 지출이다. 2014~2015년부터 정부가 재정 적자를 늘려서 시중에 돈을 공급하고 일자리를 만들려 노력했으나 GDP 성장률은 이전 수준(6~8%)을 유지하지 못하고 서서히 낮아지고 있다. 반면 미국은 2015~2019년, 2022~2023년 두 차례의 긴축 시기에 기준금리를 급격히 인상하고 대차대조표 축소를 단행했음에도 GDP 성장률이 이전 수준인 2~3%대로 잘 버텨주고 있다.

다음 그림들도 보자. 〈그림 58〉은 중국의 코로나19 전후의 산업생산량과 기업이익 추세다. 무역전쟁 기간부터 중국의 산업생산량은 지속해서 감소하고 있다. 그에 따라 기업이익 성장도 둔화했고, 최근에는 기업이익이 감소 추세로 전환되었다.

〈그림 59〉는 실물 경제를 대표하는 자동차와 시멘트 생산량 지표다. 둘 모두 2015년에 정점을 찍고 성장세가 멈췄다. 코로나19 이후에는 감소 추세로 전환되었다.

〈그림 60〉도 보자. 중국의 경제성장률과 무역수지 움직임을 비교 분석한 그림이다. 2008년 글로벌 금융 위기 직전까지 중국의 경제성장률과 무역수지는 강력했다. 미국 입장에서 무서운 수직 상승세였다. 글로벌 금융 위기가 발발하자, 중국은 세계의 희망처럼 보였다. 미국을 대체할 수 있는 새로운 구세주처럼 보였다.

그림 57 **중국과 미국의 GDP 추이 비교(2014~2023년)**

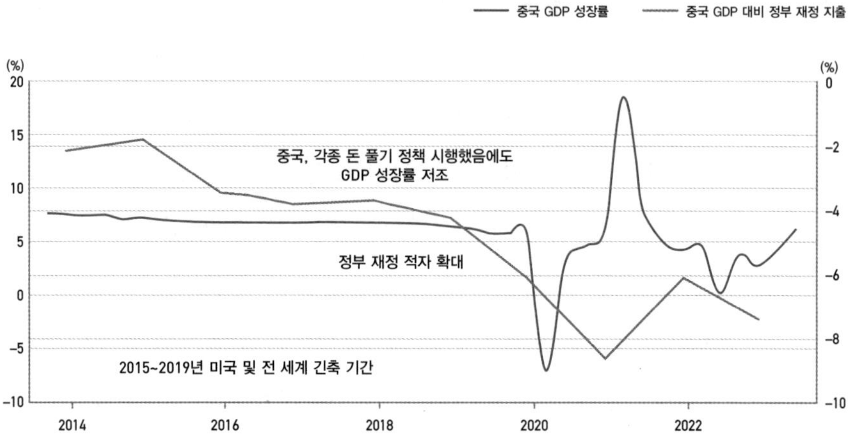

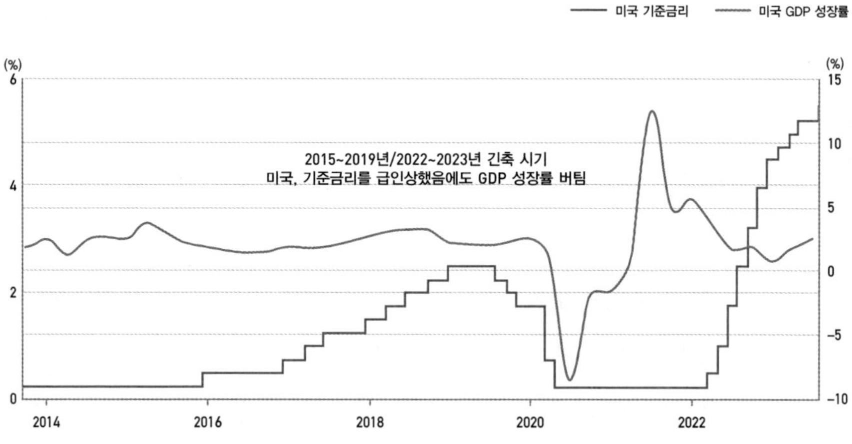

그림 58 **중국의 산업생산량과 기업이익 추이(1992~2022년)**

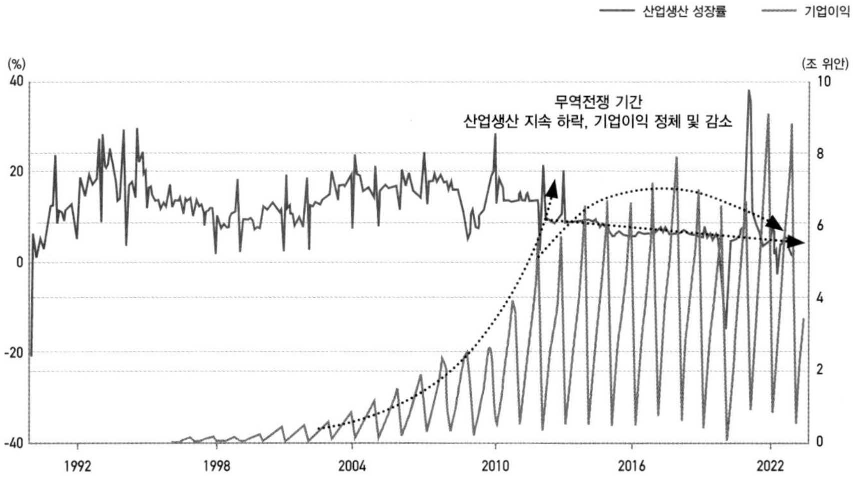

그림 59 **중국의 자동차와 시멘트 생산량 추이(1984~2023년)**

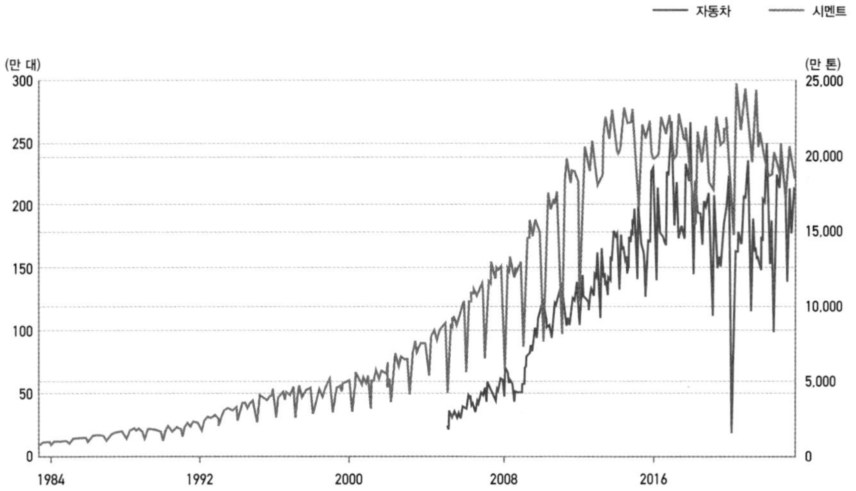

그림 60 **중국의 GDP 성장률과 무역수지 추이(2000~2023년)**

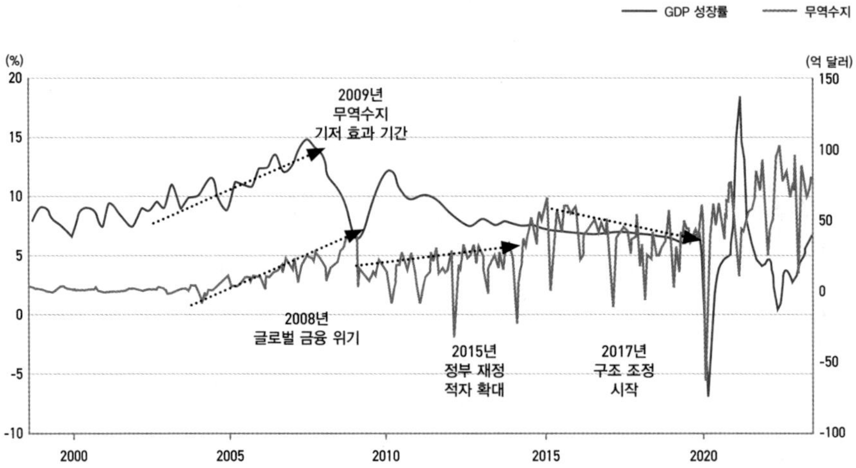

그림 61 **중국의 소매판매지수와 근원 인플레이션율 추이(1998~2022년)**

>>>

하지만 그 입지는 그리 오래가지 못했다. 오바마 정부(2009년 1월~2017년 1월), 트럼프 정부(2017년 1월~2021년 1월), 바이든 정부(2021년 1월~현재)를 거치며 미국과 패권전쟁에 휘말리자 경제성장률은 급락했고 무역수지도 힘을 쓰지 못했다. '중국 경제의 기세 꺾임'은 트럼프 정부 때 절정을 이루었다. 이런 이유로 중국의 정부와 중앙은행은 2014~2015년경부터 세계 추세와 정반대로 움직일 수밖에 없었다.

〈그림 61〉은 중국의 연간 소매판매지수와 근원 인플레이션율을 비교한 것이다. 한눈에 보듯, 중국은 물가가 안정된 것이 아니라, 실물 경기가 침체한 상황이다.

〈그림 62〉 상단은 중국의 총실업률과 청년실업률 그래프다. 중국의 실업률은 트럼프 정부 시절 미중 무역전쟁이 절정에 달할 때부터 급증했다. 2가지 이유 때문이다. 무역전쟁의 유탄을 맞았고, 중국 정부가 과잉 생산 상황을 누그러뜨리려 구조 조정을 실시했기 때문이다. 청년실업률 지표는 최근에서야 발표가 되었는데, 2023년 6월에 21.3%로 역대 최고치를 찍은 후 더 이상 발표하지 않고 있다. 전문가들은 2023년 말 기준으로 중국의 실질 청년실업률을 대략 50% 수준이라고 추정하고 있다.

그림 62 중국의 실업률, GDP 성장률, 취업자 수 추이

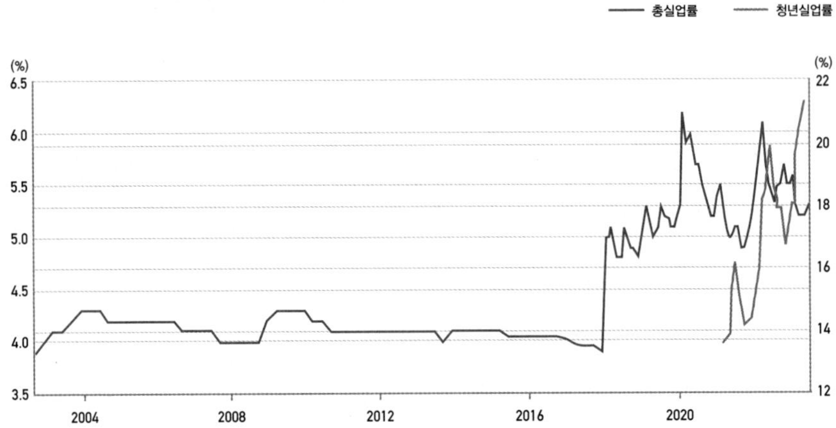

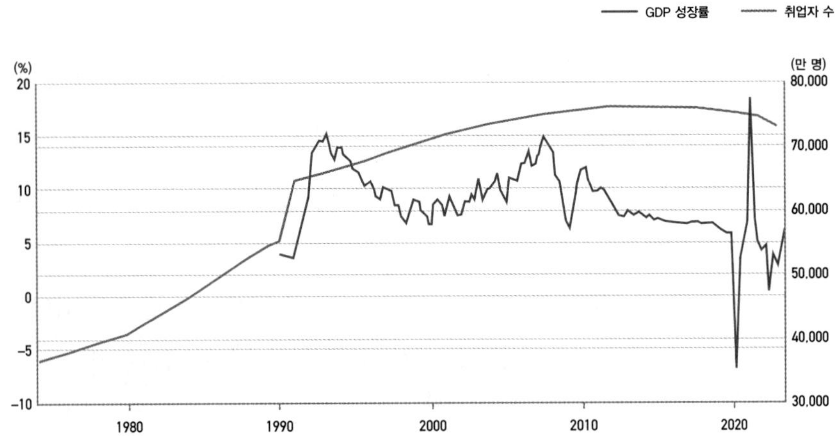

>>>

〈그림 62〉 하단에서 보다시피, 중국의 경제성장률이 낮아지면서 취업자 수 상승률도 둔해졌다.

20

중국 부동산 시장, 회복 가능성은?

앞의 분석을 생각하면서, 다음 두 그림을 보면 이해가 빨라진다. 〈그림 63〉은 중국의 GDP 성장률과 신규주택가격지수(월간)를 비교한 것이다. 먼저, 2014~2015년에 왜 돈 풀기를 시작했는지 알 수 있다.

중국의 신규주택가격 상승률은 2014~2015년에 월간 10%에서 월간 -5%까지 급락했다. 이례적인 폭락이었다. 이때의 하락 속도를 코로나19 기간의 하락 속도와 비교하면 중국 당국이 긴장할 만했다는 것을 충분히 알 수 있다. 2015년부터 대차대조표 축소를 포기하고 기준금리와 지급준비율을 내리고, 정부의 재정적자를 늘려서 시장에 유동성을 쏟아부었다. 그 결과, 2016년에는 신규주택가격 상승률이 이전 수준으로 '간신히' 회복했다.

하지만 약발은 오래가지 못했다. 2016년 이후로 미중 무역전쟁

그림 63 **GDP 성장률과 신규주택가격 상승률 추이 비교(2014~2022년)**

이 격화되고, 중국 정부가 과잉 생산이 한계에 다다른 산업들에 구조 조정을 실시하자 신규주택가격지수는 다시 하락한다. 이 기간도 연준과 정부가 돈 풀기를 계속해도 시장을 살리는 데 실패했다. 심지어 코로나19 전후로 해서 한국, 미국, 일본, 유럽 등 주요 선진국에서는 부동산 가격이 폭등했지만 중국은 계속 추락했다. 부동산 시장의 이런 위험한 상황은 고스란히 중국 GDP에 반영되었다.

〈그림 64〉는 신규주택가격 상승률과 전체주택가격 상승률을 비교한 것이다. 중국의 주택 시장에서는 신규주택이든 기존주택이

든 모두 하락 추세다.

〈그림 65〉를 보자. 중국의 GDP 성장률과 GDP 대비 가계 부채 비율 추세다. 2008년 글로벌 금융 위기가 발발하자, 중국의 가계 부채 비율도 감소했다. 하지만 곧 재상승하기 시작했고, 2016년 경부터는 이전 평균 상승률을 상회하는 추세를 보였다.

〈그림 66〉은 중국의 민간 대출 규모와 GDP 대비 가계 부채 비율을 비교한 것이다. GDP 대비 가계 부채 비율이 이전 평균치를 상회하기 시작한 구간에서 민간 부채 규모도 함께 증가한다.

〈그림 67〉을 보자. 중국의 민간 대출 규모와 GDP 대비 민간 부문 총부채 증가율을 비교한 것이다. 민간 부문 대출 총액은 늘고 있지만 총부채 증가율은 계속 하락한다. 무슨 의미일까? 가계 부채는 증가하고 있었으니, 기업 부채 부분에서 대출 억제가 있었다는 뜻이다.

기업 부문에서 대출 억제는 과잉 생산의 한계에 직면한 제조업과 버블이 급증하는 부동산 부문에 집중되었다. 코로나19 직전부터 중국 부동산 회사의 위험도가 높아지고 파산이 이어지고 있는 이유다.

그림 64 **중국의 신규주택가격 상승률과 전체주택가격 상승률 추이 (2012~2022년)**

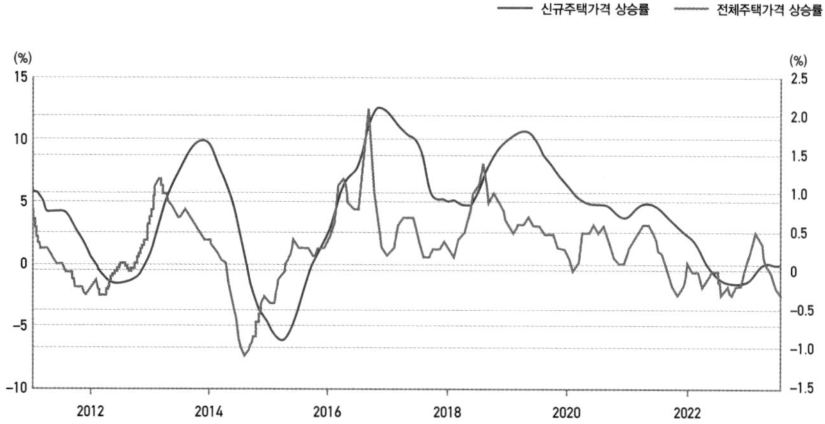

그림 65 **중국의 GDP 상승률과 GDP 대비 가계 부채 비율 추이(2000~2023년)**

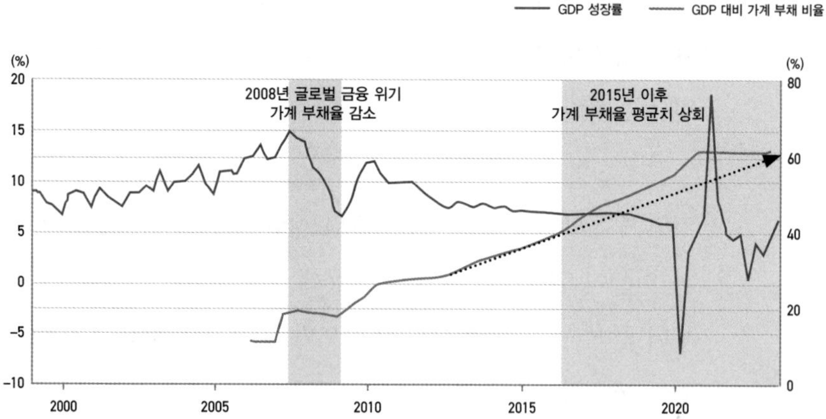

>>>

그림 66 **중국의 민간 대출 규모와 GDP 대비 가계 부채 비율(2004~2023년)**

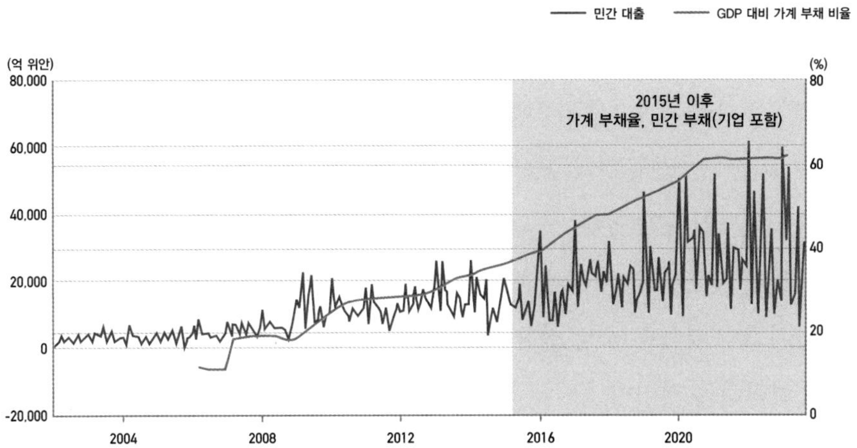

그림 67 **중국의 민간 부문 대출 규모와 부채 증가율(2000~2023년)**

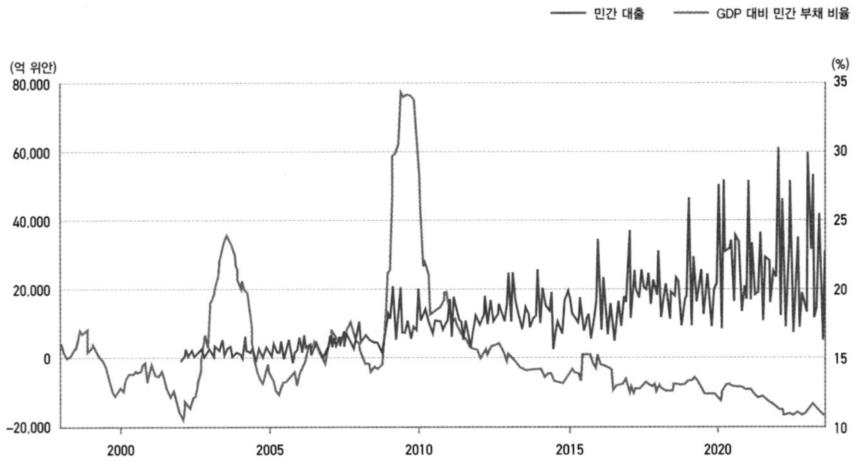

〈그림 68〉을 보자. 중국의 신규주택 판매와 신규주택착공 규모를 비교한 그래프다.

필자가 표시한 대로, 신규주택 공급 과잉은 2016년경까지 이어졌다. 최근에는 신규주택 공급 규모가 신규주택 판매 규모와 엇비슷하게 맞춰지고 있다. 중국 부동산 기업들에 대한 돈줄 조이기를 통한 구조 조정은 좋은 현상이다. 문제는 부동산 기업의 돈줄 조이기와 맞물려 중국 신규 부동산 가격, 기존 부동산 가격이 동반 하락하는 것이다.

중국 정부의 부동산 기업 돈줄 조이기와 맞물려 중국 부동산 가격이 동반 하락하는 현상은 중국 GDP에도 악순환을 만들었다. 중국의 경제성장률을 분석해보면 기이한 현상이 하나 발견된다. GDP의 44%가 인프라·부동산 개발과 관련된다. 전 세계 평균치인 25%보다 훨씬 높다. 부동산 산업만으로 국한해도 GDP의 25%를 차지한다. 이런 비율을 차지하는 인프라·부동산 개발을 억누르니 2007년 연간 15%를 기록했던 경제성장률이 코로나19 직전에 5.8%까지 추락했다. 단 12년 만에 거의 1/3 토막이 난 셈이다. 정상적인 자본주의 국가에서는 거의 일어나지 않는 기현상이다.

>>>

그림 68 **중국 신규주택 판매량과 신규주택 착공량 추이(1992~2022년)**

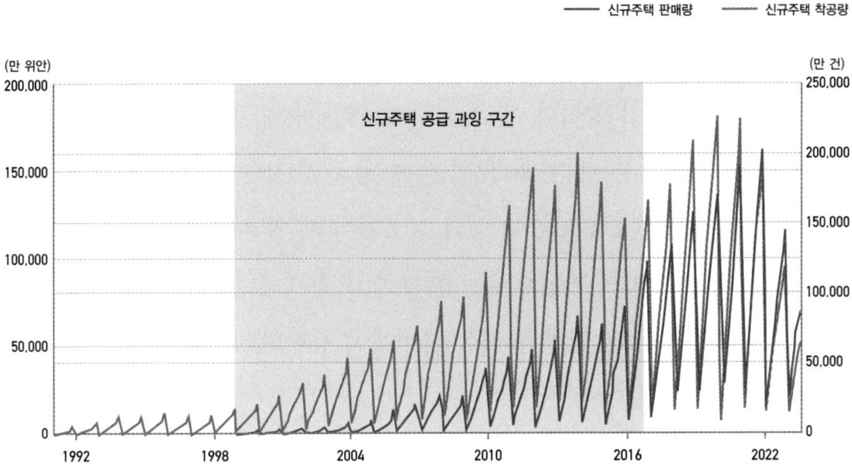

그렇다면 이런 질문을 던질 수 있다. "주택 시장 구조 조정을 시작했고 효과도 나타나고 있으니, 조금만 지나면 부동산 시장과 중국 경제성장률도 회복되지 않을까?" 이 질문에 대한 필자의 대답은 2가지다.

❶ 중국 부동산 시장의 구조 조정과 그에 따른 가격 약세 현상은 생각보다 오래갈 가능성이 크다.

❷ 부동산 시장이 정상화되어도, 중국 GDP 성장률은 이전의 영광을 되찾을 수 없다.

중국 인구는 14.25억 명이다. 한국 인구(5,155만 명)의 28배, 일본 인구(1.23억 명)의 11.6배다. 2022년 기준 중국 GDP는 17.96조 달러다. 같은 해 한국(1.66조 달러)의 10.8배이고, 일본(4.23조 달러)의 4.25배다. 필자의 판단으로는 현재 중국 경제 수준은 그 발달 단계상에서 한국과 일본과 예상 차이에 부합한다. 하지만 부동산 시장의 상황은 어떨까?

중국, 한국, 일본의 빈집 상황을 살펴보자. 먼저 시골에 버려진 집까지 포함하는 광의의 빈집 규모를 비교해보자. 한국은 150만 채 정도다. 일본은 850만~1,000만 채로 추정한다. 반면에 중국은 1억~1억 2천만 채로 추정한다. 중국의 광의의 빈집 규모는 한국의 67배, 일본의 12배다.

협의의 빈집 규모를 비교해보자. 실질 빈집 규모는 미분양되거나 공사가 중단되었거나, 투자 목적으로 사둔 빈집과 별장용 빈집으로 규모를 좁힌 것이다. 한국은 실질 빈집 규모가 80~100만 채로 추정한다. 아파트 미분양 물량이 대략 7만~10만 채 내외이고, 나머지는 임대용이나 별장용이다. 일본의 경우 실질 빈집 규

>>>

모는 대략 500만 채 정도다.

중국은 얼마나 될까? 전문가들의 의견을 종합하면 5,000만 채 정도로 추정된다(중국은 신축 아파트의 1/3가량이 미분양 상태다). 중국의 실질 빈집 규모도 한국의 50배, 일본의 10배 정도다. 이 수치는 무엇을 의미할까?

❶ 중국 부동산 시장의 버블은 한국의 버블 규모의 최소 2배가 넘는다.

❷ 중국은 이미 초고령화 사회, 제로성장 사회에서나 나올 수준의 빈집을 보유한 상황이다.

❸ 한마디로, 정상이 아니다.

21

2024 중국 부동산 시나리오

앞의 모든 분석과 2024년 미국 경제의 2가지 시나리오를 기반으로 2024년 중국 부동산 시장을 전망해보자.

만약 경기 침체나 불황이 발생할 경우, 2024년의 중국 부동산 시장은 현재 상황보다 더 악화할 확률이 높다. 그렇다 하더라도 중국 부동산 시장이 일시에 대붕괴하는 일은 일어날 확률은 낮다. 중국 부동산은 정부가 시장에 맡기지 않는 한 일시에 무너지지는 않는다.

〈그림 69〉는 미국과 한국의 부동산 가격지수와 실업률을 비교한 그래프다. 2008년 미국에서 부동산 버블 대붕괴가 발생하자 실업률이 10%까지 급등했다. 청년실업률은 19%까지 치솟았다. 총 실업자 수는 1,500만 명에 이르렀다. 참고로 당시 미국 총인구는 3억 569만 명이었다.

그림 69 **미국과 한국의 주택가격 상승률, 실업률 추이(2000~2023년)**

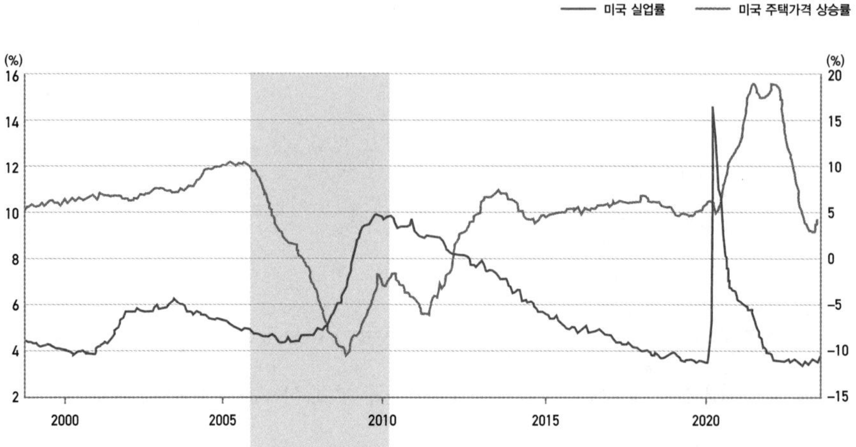

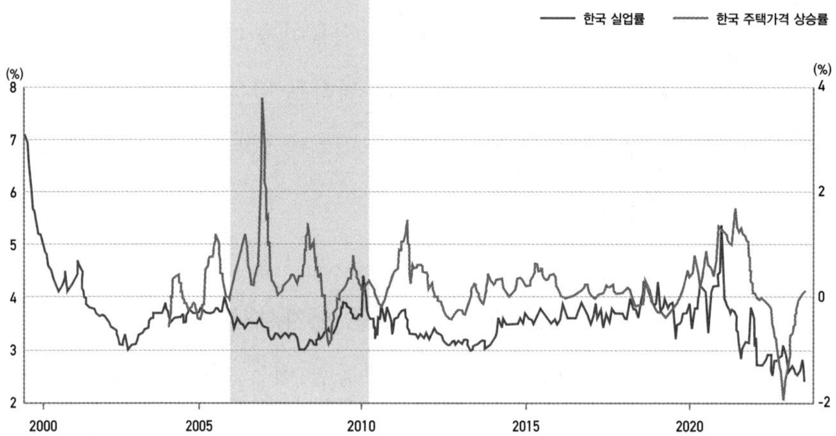

2008년 한국의 부동산 가격은 미국만큼 하락하지 않았다. 즉, 미국보다 충격이 크지 않았다는 의미다. 그 결과 전체 실업률은 1%p 정도만 상승했다. 하지만 청년실업률은 4%p 증가했다. 경제 위기가 발생하면, 청년층이 받는 충격이 상대적으로 크다는 의미다.

만약 중국에서 2008년 미국의 부동산 버블 대붕괴 급의 충격이 발생하면 실업자 규모가 7,000만 명에 달할 것으로 예측된다. 청년실업률은 재앙을 맞을 것이다. 이 정도 실업자가 일시에 발생하면, 민란이 일어나고 시진핑 체제가 붕괴할 위험까지 발생할 수 있다.

그래서 중국 정부 입장에서 부동산 경착륙은 절대로 선택할 수 없는 시나리오다. 중국 정부가 할 수 있는 선택지는 장기적 구조조정뿐이다. 그렇기 때문에 2024년 미국 경제가 1995년 모델처럼 경기 침체나 불황이 발생하지 않더라도 중국 부동산 시장이 한순간에 회복이나 호황으로 진입할 가능성도 적다.

22

한국 부동산 시장의
장기 패턴

□———— 한국 부동산 시장의 장기 패턴에 영향을 미치는 힘은 3가지다. **첫째는 '글로벌 통화 정책 트렌드'**다. 1970년대 미국 경제는 베트남 전쟁으로 인한 물가 상승, 제1~2차 오일쇼크를 연달아 맞으면서 달러 가치 폭락, 경기 침체, 스태그플레이션 위기를 반복했다.

이 위기들은 대공황을 극복한 케인스학파가 주장한 '수요 창출을 위한 정부의 적극적 개입(큰 정부의 재정 정책을 중시하며 불황의 원인을 투자의 부족에서 찾는다)'으로 해결할 수 없었다. 이때 대안으로 급부상한 이론이 통화주의monetarism였다.

통화주의는 달러 가치 폭락, 반복되는 스태그플레이션, 깊은 경기 침체 등은 심각한 '통화 교란' 때문이라고 진단했다. 통화 교란은 질서나 원칙 없이 통화량을 갑자기 팽창하거나 수축하는 행위를 반복하는 것이다. 통화주의자들은 통화 교란을 만든 주범으로 정부를 지목했다. 정부가 시대착오적이고 잘못된 통화 정책을 구사해서 통화 교란이 발생했고, 통화 교란이 다시 경제 교란을 초래한다고 주장했다. 통화주의자들은 이런 문제를 해결하는 방법으로 정부의 시장 개입 최소화와 적절한 통화량 조절을 제시했다.

이 주장의 대표주자는 시카고학파 밀턴 프리드먼이었고, 이들의 이론은 '신화폐수량설新貨幣數量說'이라고도 불린다. 프리드먼은 정부가 일정한 통화 증가율을 공시하고 이를 장기에 걸쳐 매년 철저히 준수하면, 인플레이션과 화폐 가치를 안정시킬 수 있다고 주장했다. 프리드먼은 적정 통화 증가율을 평균 실질 경제 성장률보다 약간 높은 수치로 고시할 것을 권고했다(현재는 일반적으로 통화량 목표제 대신 이자율 목표제를 채택한다).

1980년 11월 민주당 지미 카터를 누르고 미국의 제40대 대통령에 당선된 로널드 레이건은 프리드먼의 정책을 적극적으로 수용했고 만성적인 스태그플레이션 위기를 극복하는 데 성공했다. 미국의 새로운 통화 정책의 성공은 곧바로 전 세계의 표준이 되었다. 당연히 한국도, 미국을 시작으로 전 세계 트렌드로 떠오른 새로운 통화 정책을 받아들였다. 그러면서 〈그림 71〉처럼 한국

>>>

그림 70 **미국의 경제성장률과 물가상승률 추이(1970~1995년)**

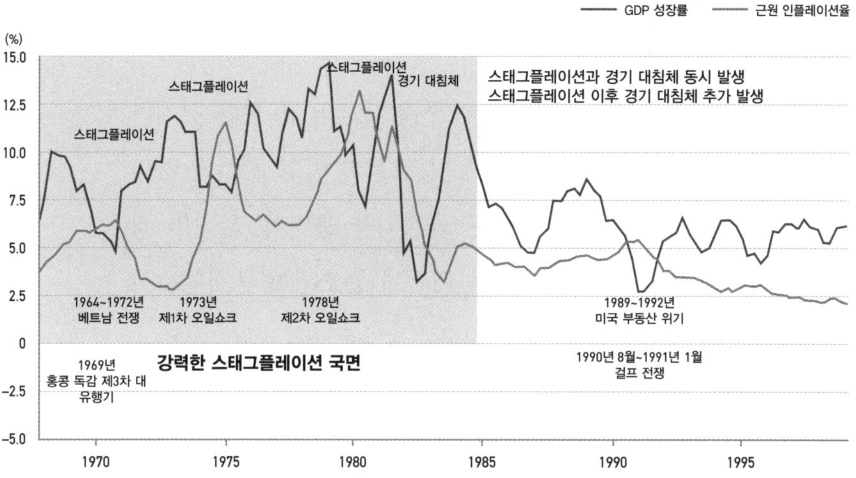

그림 71 **글로벌 부동산 폭등기 한국과 미국의 주택가격 상승률(1980~2023년)**

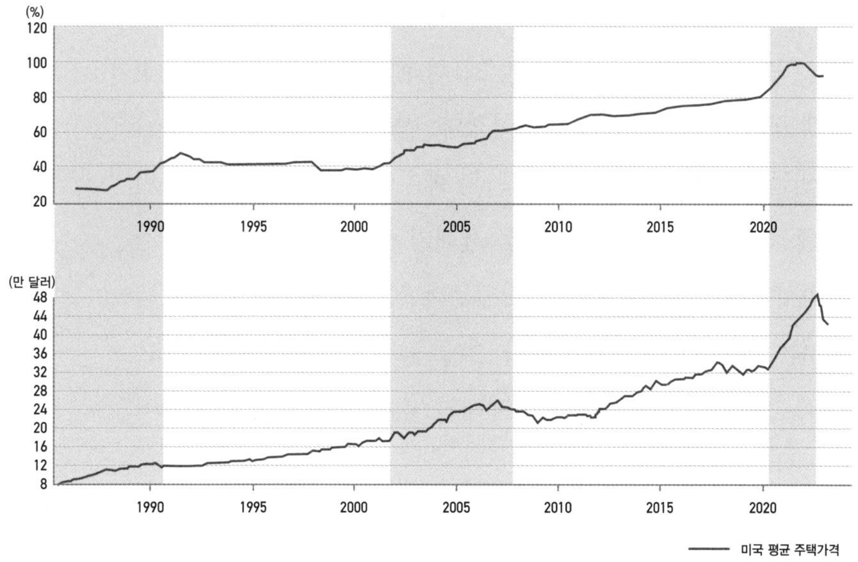

의 주식과 부동산 시장의 움직임은 미국의 움직임에 동조하는 현상이 시작되었다.

물론 〈그림 72〉처럼 한국의 부동산 시장 움직임은 외환 위기라는 특별한 사건, 정부에 따른 부동산 정책의 방향 차이에 따라서 단기 구간에서는 미국과 다른 움직임을 보인다. 하지만 장기적이고 거시적인 움직임에서는 미국에 동조되어 움직인다고 평가해도 무방하다(미국과 한국 시장이 발맞춰 움직인다는 것은 양국의 기준금리나 주식 시장의 거시적 움직임이 비슷하다는 것으로도 알 수 있다).

〈그림 73〉을 보자. 한국 부동산 시장의 장기 패턴에 영향을 미치는 **둘째 힘인 '인구 변화'**를 보여준다. 1990년대 한국 부동산 제1차 폭등기는 1960년대 출생한 제1차 베이비붐 세대가 생애 첫 주택 구매에 뛰어들면서 이루어졌다. 1997년 외환 위기가 지난 후 만들어진 제2차 폭등기는 제1차 베이비붐 세대의 생애 두 번째 주택 구매와 제2차 베이비붐 세대의 생애 첫 주택 구매가 겹치면서 일어났다. 코로나19 직전부터 시작된 제3차 부동산 폭등기는 제2차 베이비붐 세대가 생애 두 번째 주택 구매를 하고, 1985~1994년에 태어난 에코 세대가 생애 첫 주택 구매에 뛰어들면서 만들어졌다.

그림 72 **한국의 주택가격 상승률(1988~2023년)**

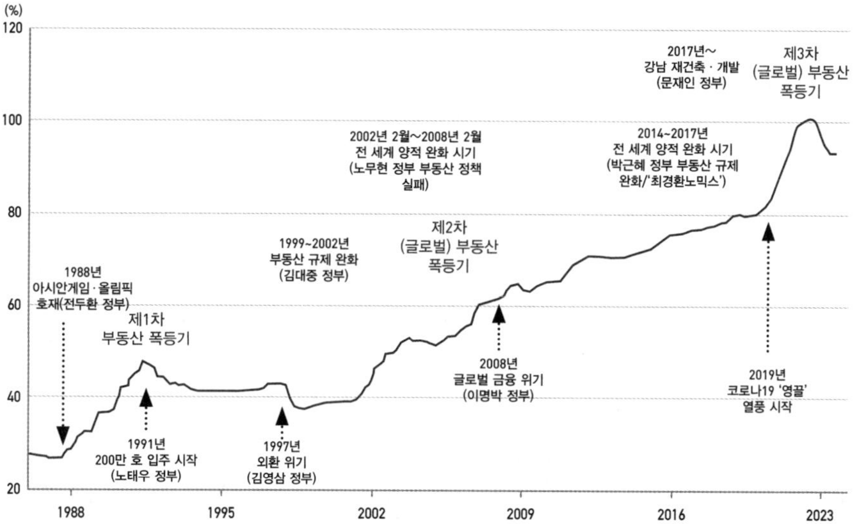

그림 73 **한국의 인구 변화(1925~2016년)**

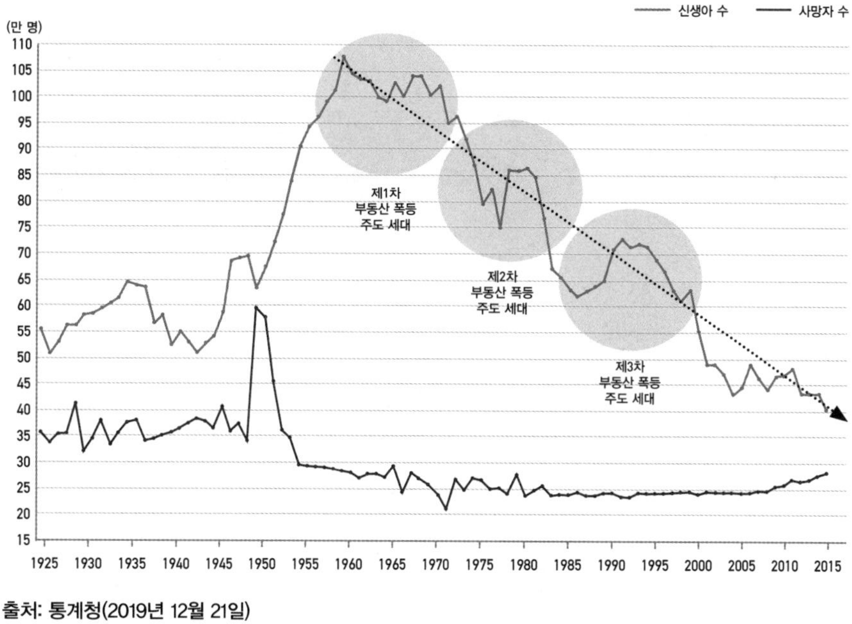

출처: 통계청(2019년 12월 21일)

23

2024 한국 부동산 시나리오

〈그림 74〉는 한국 부동산 시장의 장기 패턴에 영향을 미치는 **셋째 힘인 '경제성장률'**이다. 한국은 제1~3차 부동산 폭등기가 진행되는 동안 경제성장률이 우상향하는 패턴을 보였다. 반면 일본의 경우 경제성장률 상승이 멈춘 후부터는 주택가격이 하락하는 패턴으로 전환했다.

이 외에도 부동산 시장은 단기적으로 세계 경제 상황을 반영한다. 이런 요소들을 반영하여 2024년과 그 이후의 한국의 부동산 시장 시나리오를 예측해보자. 먼저 2024년 한국의 부동산 시장 시나리오는 2가지다.

❶ 경기 침체나 불황이 발생할 경우, 2024년의 한국 부동산 시장은 한 번 더 하락하는 상황이 발생할 가능성이 크다.

그림 74 **한국의 주택가격지수와 GDP 추이(1988~2023년)**

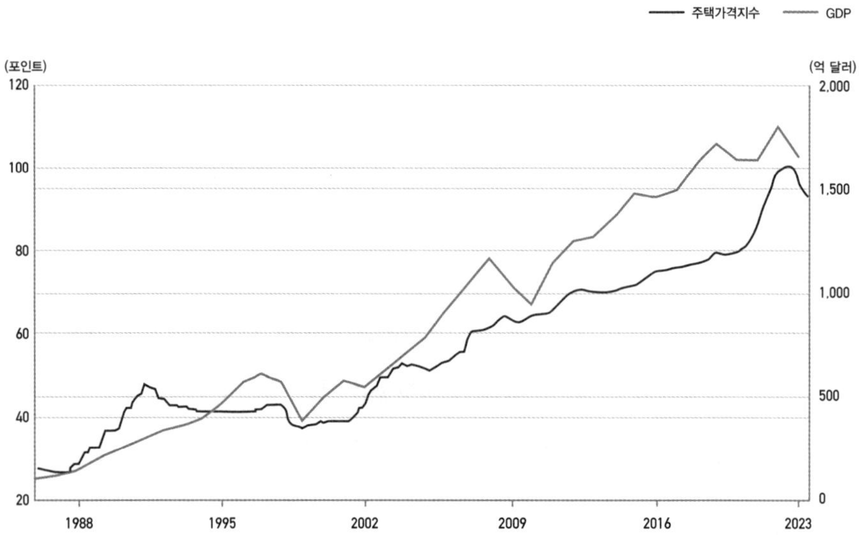

❷ 2024년 미국 경제가 1995년 모델처럼 경기 침체나 불황이 발생하지 않을 경우, 한국 부동산 시장은 (새로운 부동산 폭등기 수준이 아닌) '약한 반등'을 할 가능성이 크다.

2024년 이후의 한국 부동산 시장의 추세를 예측해보자. 어떤 지역의 부동산 가격이 상승할 것이라는 예측은 시도하지 않을 것이다. 대신, 앞에서 설명한 한국 부동산 시장의 장기 패턴에 영향

>>>

을 미치는 3가지 힘(글로벌 통화 정책 트렌드, 인구 변화, 경제성장률)을 반영하여 2024년 이후 장기 추세 특징을 예측해본다.

❶ 한국의 경제가 일본처럼 '장기 침체'에 빠지기 전까지는 부동산 총지수는 우상향한다. 부동산 시장의 장기 패턴에 가장 큰 영향을 미치는 글로벌 통화 정책 트렌드가 변하지 않기 때문이다.

❷ 한국 부동산 시장은 제4의 폭등기를 맞을 수도 있다.

❸ 하지만 인구 변화, 낮은 경제성장률이라는 힘이 작동하면서, 제4차 폭등기 수혜 지역은 제3차 폭등기 수혜 지역보다 좁아질 것이다. 즉, 제3차 폭등기에 상승했던 지역 중에서 일부는 더 이상 가격이 상승하지 않거나 물가상승률보다 낮은 수준으로 상승하면서 투자 매력을 상실할 것이다. 참고로 제1차 폭등기에는 수도권과 신도시를 중심, 제2차 폭등기에는 전국, 제3차 폭등기에는 수도권과 미래 산업 호재가 집중된 일부 도심지에서 폭등했다.

❹ 수도권 중심 주거 지역들은 이미 중산층이 구매할 수 있는 가격의 최상단에 도달했기 때문에, 외곽에서는 밀려난 중산층의 수요가 만들어지면서 '풍선 효과(어떤 현상이나 문제를 억제하면 다른 현상이나 문제가 새로이 발생하는 것)'가 계속 나타날 수 있다.

그림 75 일본의 주택가격지수(상단)와 GDP(하단) 추이(1968~2023년)

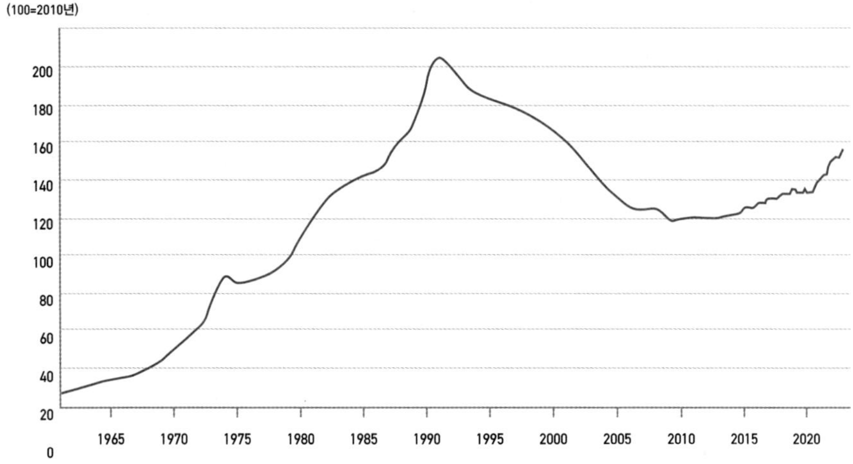

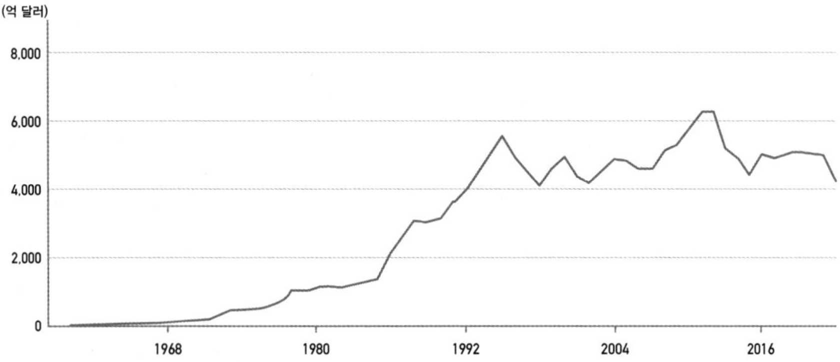

>>>